旅游安全事故
控制与管理

主编／袁浩镛

副主编／蔡　冰赵　明李嘉欣李　倩

肖美娟刘　韧周　洁雷　蕾

重庆大学出版社

内容简介

本教材以行业专家对旅游类工作岗位的工作任务和职业能力分析为依据，瞄准旅游市场精心设计了八个学习项目，涵盖旅游问题和事故的主要内容，每个项目通过引言进入学习项目，根据知识特点的不同分为多个子任务，每个子任务都有任务描述—任务目标—任务分析—任务完成—任务拓展—任务思考—任务评价，从而使教学的内容具有多元性、创新性，全面提高学生的综合能力。

本教材适合职业院校师生使用，可供一线旅游从业人员参考和借鉴，也可以作为旅游爱好者的读本。

图书在版编目（CIP）数据

旅游安全事故控制与管理 / 袁浩镛主编 . -- 重庆：
重庆大学出版社, 2024. 10. -- ISBN 978-7-5689-4831-9

Ⅰ. F590.6

中国国家版本馆 CIP 数据核字第 2024RL6208 号

旅游安全事故控制与管理
主　编　袁浩镛
副主编　蔡　冰　赵　明　李嘉欣　李　倩
　　　　肖美娟　刘　韧　周　洁　雷　蕾
责任编辑：谢冰一　　版式设计：谢冰一
责任校对：邹　忌　　责任印制：张　策

*

重庆大学出版社出版发行
出版人：陈晓阳
社址：重庆市沙坪坝区大学城西路 21 号
邮编：401331
电话：（023）88617190　88617185（中小学）
传真：（023）88617186　88617166
网址：http://www.cqup.com.cn
邮箱：fxk@cqup.com.cn（营销中心）
全国新华书店经销
重庆长虹印务有限公司印刷

*

开本：787mm×1092mm　1/16　印张：10.75　字数：220 千
2024 年 10 月第 1 版　　2024 年 10 月第 1 次印刷
印数：1—2 000
ISBN 978-7-5689-4831-9　定价：33.00 元

前　言

　　"没有安全就没有旅游。"近年，旅游问题和事故的频发，给旅游业带来巨大损失和影响，旅游业急需行业专业人员从专业的角度提出一些指导性的意见和建议，给出可操作的流程、步骤和方法。

　　目前，市场上暂时没有专门介绍旅游安全事故控制与管理的教材，相关的教材有《应急管理》《旅游安全》《导游业务》《旅游法规》等，这些教材中，只有其中的一个章节或者一个部分有关于旅游问题和事故处理的描述，且偏重理论的系统性与完整性，可作为参考资料，但作为教材实操性不强，不宜教学选用。随着职业教育的发展，现有教材与高等院校人才培养目标和课程需要不相适应，与实际工作岗位的关联度也不高，理论实际一体化的教材就更为重要。

　　本书以高等职业教育培养学生的职业能力为目标，以项目任务型的教学理念为指导，紧紧围绕旅游业和旅游业的专业岗位，突出岗位实用性、职业性和开放性。同时，以学生为中心，采用现代化教学手段，将传授知识、训练技能、培养能力、充分调动学生学习积极性以及增强学生自主学习能力和职业能力的培养要求贯穿教材编写的全过程，真正提高学生职业能力和岗位服务能力。

　　本书理论联系实际，案例鲜活、描述真实，既注重系统的理论知识，又结合旅游业各岗位的实际需要，编写具有高职高专鲜明特色的专业教材，确保了教材的新颖性与实用性。本教材与行业紧密联系，编者均为从事过旅游接待的一线工作人员，从专业的角度提出可操作性的程序和步骤，可以为旅游的发展提供借鉴，可以帮助学生直接学到知识，也可以让员工轻松学得技巧，具有实用性和真实性。

　　本书紧密结合新的国家教育标准、旅游类专业标准、行业标准、岗位要求等最新的政策和动态进行编写，教材与时俱进，具有一定的先进性、科学性和引领性。

　　全书由袁浩镛统稿。编写分工如下：袁浩镛负责内容设计、框架设计、附录编写和统稿；蔡冰负责项目一旅游事故；李嘉欣负责项目二旅游技术性事故；李倩负责项目三旅游安全性事故；赵明负责项目四旅游遗失事故的预防和处理；刘韧负责项目五旅游卫生常识；肖美娟负责项目六旅游自然灾害；雷蕾负责项目七旅游患病；周洁负责项目八旅游其他事故。

　　本书在编写过程中还得到了旅游行业技能大师韦敏、葛瑞、杨洁卿、王明忠和赵永华的支持，得到业界人士的大力支持和帮助，得到云南师范大学职业技术教育学院院长牛元帅和副院长桑彬彬的支持，在此一并表示衷心的感谢！由于水平有限，书中难免有些疏漏、不足之处，恳请读者提出宝贵的意见和建议。

编者

2024 年 5 月

目 录
CONTENTS

项目八　旅游其他事故

参考文献

附　件

项目一　旅游事故

项目引言

"旅游业既是劳动密集型产业，也是第三产业的龙头，其产业链条长，辐射面广，关联带动性强"。我国产业结构的调整，为旅游业快速发展提供了良好的发展机遇，这将有利于我国在劳动力资源丰富的情况下，依靠国家产业结构调整的导向，大力发展旅游产业。

随着旅游业进入大众化时代，出境旅游、入境旅游和国内旅游等规模不断扩大，各种传统、非传统的因素对旅游的影响日趋复杂，各种旅游事故日益凸显，旅游保障压力也在不断增大。

旅游事故发生后除了会影响人们的旅游活动顺利进行，往往还可能造成人员伤害、财物损坏、环境污染等其他形式的严重后果。在这个意义上说，旅游事故是指在旅游过程中发生的各种违反人意志的、迫使活动暂时或永久停止的，可能造成人员伤害、财产损失或环境污染的意外事件。

安全是旅游行业的生命线。作为旅游从业人员，一定要认清旅游事故的现状，认真学习预防和处理的方法，减少旅游事故的发生，或在事故发生时能熟练地按照规则与程序解决和处理相关的问题，把损失降到最低，确保旅游业的健康发展。旅游事故发生突然、类型多样、复杂多变，旅游从业人员必须高度重视，不断学习和思考，在实际的工作中能做到尽量减少旅游事故的发生，有针对性地处理各种事故。通过本项目的学习，对旅游事故的理论有了基本的了解，对国家方针和政策有了认识，将在接下来的学习中思路更清晰，方法更准确。

任务一　旅游事故相关理论

任务描述

　　旅游中各种事故较多，这些旅游事故主要表现为以下几种。①旅游交通事故。旅游交通事故一直是最常见的旅游事故种类之一，以公路交通事故为甚，事故的次数多、伤亡大。事故发生的原因主要是在大雾、暴雨等极端天气以及山区、坡道等危险路段环境下，司机对路况不熟、操作不当或者追尾等。②漂流、游船、游艇等涉水旅游运动事故。这类灾难近年来急剧增加，已成为旅游事故人员伤亡的第二大类型。事故原因主要是监管缺位导致的经营单位无资质经营、安全管理不规范、从业人员以及游客的安全意识淡薄。③登山探险、山地户外活动等事故。从事故特征来看，因失足滑落或者摔倒死亡，因迷路失踪或者遇到极端天气失温等死亡，因突遇山洪、雪崩、山体滑坡或者疾病死亡。从事故发生的原因来看，主要还是安全意识不够，盲目相信个人能力，在未准备充分的条件下贸然进入尚未开放的山区，或因迷路发生坠崖事故，或者突遇山洪、雪崩、暴雪等自然灾难而导致溺水、被雪掩埋或者冻死等。④酒店火灾事故。主要原因是突然失火、煤气爆炸等。⑤治安事故、遗失事故、旅游卫生事故和旅游公共安全事故等。这些事故也都不同程度地造成了人员伤亡。

　　面对这些旅游事故，应该怎么应对和处理才能减少损失，体现从业人员的专业，保障旅游的声誉，通过本任务的学习可以有相应的认识和了解。

任务目标

　　1.理解事故和旅游事故的概念。

　　2.能按照一般程序处理旅游事故。

　　3.重视旅游过程中的各种事故，避免事故发生。

任务分析

1.事故的含义

　　有关事故的定义说法很多，在关于事故的不同定义中，美国伯克霍夫（Berckhoff）的定义较著名。伯克霍夫认为，事故是人（个人或集体）在为实现某种意图而进行的活动过程中，突然发生的、违背人的意志的、迫使活动暂时或永久停止的，或迫使之前存续的状态发生暂时或永久性改变的事件。事故的含义包括以下几点。

事故是一种发生在人类生产、生活活动中的特殊事件，人类的任何生产、生活活动过程中都可能发生事故。

事故是一种突然发生的、出乎人们意料的意外事件。由于事故发生的原因非常复杂，往往包括许多偶然因素，因此事故的发生具有随机性质。在一起事故发生之前，人们无法准确地预测什么时候、什么地方、发生什么样的事故。

事故是一种迫使进行着的生产、生活活动暂时或永久停止的事件。事故中断、终止人们正常活动的进行，必然给人们的生产、生活带来某种形式的影响，因此，事故是一种违背人们意志的事件，是人们不希望发生的事件。

事故是一种动态事件，它开始于危险的激化，并以一系列原因事件按一定的逻辑顺序流经系统而造成的损失，即事故是指造成人员伤害、死亡、职业病或设备设施等财产损失和其他损失的意外事件。

综上所述，事故是发生于预期之外的造成人身伤害或财产和经济损失的各种事件。也可以说，事故是发生在人们的生产、生活活动中的所有意外事件的总和。

2.旅游事故

2.1 旅游安全

安全是旅游的生命线，没有安全就没有旅游。旅游安全不仅关系到广大游客的生命财产安全，而且关系到旅游业的持续健康发展和旅游行业的形象。旅游行业中应该以人为本、以游客为本，防患于未然，积极预防与应对，有效妥善处理大量非安全因素与突发障碍，有效保障旅游活动的组织与开展。

旅游行业要坚持安全第一，强化政府的监管责任和企业的主体责任，增强游客的自我防范意识。要做到"游前有提示，游中有警示，意外有救援，全程有保险"。实现旅游安全意识明显提高，安全旅游深入广大游客心中，安全生产成为旅游企业的自觉选择，游客生命财产安全得到有效保障。

旅游安全是指旅游活动中各相关主体的一切安全现象的总称。它包括旅游活动各环节的相关现象，也包括旅游活动中涉及的人、设备、环境等相关主体的安全现象，既包括旅游活动中的安全观念、意识培育、思想建设与安全理论等精神层面，也包括旅游活动中安全的防控、保障与管理等物质层面。没有安全，便没有旅游。旅游安全是旅游业的生命线，是旅游业发展的基础和保障。旅游业发展的事实证明，旅游事故的出现，不仅影响旅游活动的顺利进行，而且可能带来巨额经济损失；旅游安全事故危及旅游者生命和财产，直接影响社会的安定团结；旅游安全事故还会损害国家的旅游声誉，阻碍旅游业发展。

2.2 旅游安全事故

旅游安全事故是指旅游活动中突然发生的、造成或可能造成旅游者、旅游从业人员或有关单位人身伤亡或者财产损失，导致旅游活动中止或永久终止的意外事件。简言之，凡是在旅游过程中涉及旅游者人身、财物安全的事故均为旅游安全事故。

2.3 旅游事故

旅游事故是指在旅游中发生的任何事情各种问题和突发的情况，主要涉及人身、财产等方面的各种事故。

按照事故的性质分为旅游安全事故和旅游技术性事故。旅游安全事故，指的是涉及旅游者人身、财产安全的事故。如旅游者突然患病、旅游者行李丢失等。旅游技术性事故，指由于旅游接待部门运行机制发生故障或者是导游员的失误而影响旅游活动的安排或旅游行程的事故。如旅游漏接、空接、错接的事故以及误机事故等。

按照事故的责任分为责任性事故和非责任性事故。责任性事故，指由于接待方原因如计划安排不周等造成的事故。非责任性事故，指的是非接待方的原因而是旅游者的原因或者是不可抗拒的因素而造成的事故。责任性事故比非责任性事故的影响大可能会影响到接待社、接待地或接待国的旅游形象。

按旅游事故的严重程度分为一般事故和严重事故。一般事故，指的是经常发生又能及时补救的事故。这类事故一般情况下导游可以自行解决，如旅游行李的破损、旅游者证件的丢失等。严重事故，指的是给旅游者造成较大的身体或精神伤害，或者是给旅游者和接待地造成较大的经济损失，对社会影响较大，旅游者或旅游企业要求解除合同、要求索赔的事故。

3.旅游事故处理的方针

旅游事故处理时实行"安全第一，预防为主"的方针。

3.1 安全永远处于首要地位

在旅游活动中，安全处于首要地位，旅游经营者和从业人员必须自始至终把安全工作放在首位，丝毫不得懈怠。

3.2　防范一定要在旅游工作发生前做好

对于旅游活动中可能发生的安全事故，一定要把防范工作做在先，"预防为主"方针必须贯穿旅游活动的始终，渗透在旅游接待的方方面面。

3.3　严格按照旅游安全规章制度行事

建立健全的旅游安全规章制度，旅游经营者和从业人员必须严格按规章制度行事，增强风险防范意识，切实清除一切安全隐患。

4.旅游事故的特征

4.1　集中性

集中性表现在两个方面。一方面，从旅游活动环节看，旅游事故问题集中在旅途与住宿活动环节。另一方面，从旅游安全的表现形态看，旅游安全事故经历大多表现为犯罪、疾病、食物中毒或交通事故等。

4.2　广泛性

第一，旅游事故问题广泛地存在于旅游活动的吃、住、行、游、购、娱多个环节中，几乎所有的环节都有安全隐患存在，都曾出现过旅游安全事故。第二，旅游事故与旅游社会人口学特征息息相关，几乎所有类型的旅游者都可能面临旅游事故。第三，除旅游者外，旅游事故还与旅游地居民、旅游从业者、旅游管理部门以及包括公安部门、医院等在内的旅游目的地各种社会机构相联系。由此可见，旅游事故问题是一个复杂的社会系统问题，建立由社会各部门参与的社会联动系统是旅游事故管理和防范的重要而有效的措施之一。

4.3　巨大性

第一，很多旅游事故造成的危害和破坏巨大。旅游事故问题不仅会使旅游者蒙受巨大的经济与名誉损失，甚至遭受生命威胁，而且从社会角度看，可能造成旅游企业的财产损失，从而使整个社会受到巨大的破坏。严重的还会涉及旅游事故问题发生地全部旅游企业的发展，甚至危害到目的地和国家的形象和声誉。第二，由于危害和破坏的巨大性，旅游事故会对旅游者造成较大的影响并进而影响旅游者对旅游地的安全认知及其旅游决策。

4.4 隐蔽性

虽然旅游活动中的事故问题为数不少,但由于事故本身的敏感性和所带来的负面影响往往易被旅游经营管理者所掩盖,各旅游企业面对媒体或广大公众对其事故的询问常常避而不谈或草草带过,因此旅游活动中实际发生的事故较资料统计的还多得多。一般只有重大或者特大事故才会公开。

4.5 复杂性

旅游活动是一种开放性的活动,而旅游企业正是为开放性活动提供各种服务的企业。例如旅游饭店作为一个公共场所,每天有大量的人流,鱼龙混杂,饭店事故涉及的环节和人员复杂且众多。因此,旅游事故工作表现出极大的复杂性,除防火、防食物中毒外,更要防盗、防暴力、防欺诈、防各种自然及人为灾害等。

4.6 特殊性

旅游活动中,旅游者为了追求精神的愉悦与放松,常常对事故防范有所放松,因此,旅游过程中发生的各类事故不同于一般的民事、刑事案件,也不同于其他行业的事故问题,有其自身的规律性和特殊性。

4.7 突发性

发生在旅游活动中的各种事故问题往往带有突发性。旅游活动中的许多事故都是在极短的时间内、在毫无防备的状况下发生的,如旅游中的自然灾害也具有突发性。因此,这就要求各旅游管理部门、旅游企业、旅游从业人员在平时要有处理各种突发事故的预案,只有这样,才能在突发旅游事故时临危不惧。

5. 旅游事故处理的原则

旅游事故发生后,现场工作人员或者现场有关人员应全力以赴进行救援,采取一系列的手段,尽最大的努力减少人员伤亡和财务损失,把事故造成的不利影响降到最低程度,保护旅游者的基本权益,维护我国旅游业的声誉。在旅游事故的善后处理工作中,应恪守保护旅游者的基本权利和利益为第一位的原则,在具体工作中,要遵循下述基本原则。

①迅速处理原则。旅游事故发生后,报告单位应立即派人赶赴现场,组织抢救工作,保护事故现场,并及时报告当地公安部门。

②属地处理原则。旅游事故发生后,原则上由事故发生地区政府协调有关部门及事

责任方及其主管部门负责，必要时可成立事故处理领导小组。

③善后原则。旅游事故发生后，要积极处理善后事宜，尽量避免事故造成的损失进一步扩大。

④以法律法规为准绳原则。旅游事故发生时，处理此类事故最重要的原则还是依据旅游法律法规。

6.旅游事故的一般程序

①立即报告。旅游事故发生后，相关的旅游从业人员应该立即向所属旅行社和当地旅游行政管理部门报告。当地旅游行政管理部门接到重大、特大事故报告后，要及时上报国家旅游行政管理部门。

②保护现场。一旦发生旅游事故，现场有关人员一定要配合公安机关或其他有关方面，严格保护事故发生地现场。

③协同有关部门进行抢救、侦查。当旅游事故发生后，地方旅游行政管理部门和有关经营单位和人员要积极配合公安、交通救护等方面，查清事故原因，组织对旅游者进行紧急救援并采取有效措施，处理善后事宜。

④有关单位负责人应及时赶赴现场处理。旅游事故发生后，有关旅游经营单位和当地旅游行政管理部门的负责人，应及时赶赴现场，组织指挥，并采取适当的处理措施。

⑤积极配合处理。发生重大旅游事故和特大旅游事故，旅游工作人员必须立即报告，尽力保护事故现场并在领导指导下做力所能及的事情。

7.旅游事故的报告制度

①事故发生后，现场陪同人员应立即上报主管部门，主管部门应当及时报告归口管理部门，即由现场有关人员立即向本单位和当地旅游行政管理部门报告。

②当地旅游行政管理部门在接到一般、重大、特大安全事故报告后，要尽快向当地人民政府报告。

③对于重大、特大安全事故，地方旅游行政管理部门要同时向国家旅游行政管理部门报告。

④事故处理结束后，要立即定出事故调查报告，并呈报有关部门。调查报告内容包括事故经过及处理、事故原因及责任、事故教训、今后防范措施。

对于重大旅游事故的报告制度，报告单位在接到旅游景区、饭店、交通途中或其他场合发生旅游重大事故的报告后，除向当地有关部门报告外，应及时以电传、电话或其他有效方式直接向"中国旅游紧急救援协调机构"报告事故发生及处理进展情况。"中国旅游紧急救援协调机构"在接到报告单位的报告后，应及时向有关方面通报情况，并对所请示问题作出答复。

对于特大旅游事故，特大事故发生单位立即将所发生特大事故的情况（如事故发生的时间、地点、简要经过、伤亡人数、直接经济损失的初步估计、发生原因的初步判断、采取的措施及事故控制情况等）报告上级归口管理部门和所在地地方人民政府，并报告所在地的省、自治区、直辖市人民政府和国务院归口管理部门。

8.旅游事故的预防

8.1 制订周密的接待计划，安排上要留有余地

如送团前不宜安排旅游者去繁华、热闹的地方自由活动或购物，如白天活动的安排要劳逸结合，晚间的活动不宜太迟，前往交通集散地要留出充足的时间。

8.2 时刻谨记行业规范的要求和法律法规的约束

如《导游人员管理条例》规定导游人员在引导旅游者游览、旅行的过程中，应当就可能危及旅游者人身、财产安全的情况向旅游者作出明确的警示和真实的说明，并按照旅行社的要求采取防止危害发生的措施。

8.3 多做提醒工作

第一，出发游览前预报天气和地形。在游览区活动前，预报全天的行程和游览路线、所需的时间、集合的时间和地点、迷路时可以采取的措施。第二，登山或剧烈运动时，提醒游客量力而行。第三，行车过程中，提醒司机注意驾车安全。第四，游览期间，随时提醒游客保管好自己随身携带的行李或物品，随时清点人数，提醒游客紧跟队伍。第五，其他提醒事宜。提醒游客注意饮食卫生，不要随便采摘、品尝山上的野果，不要喝自来水或河水，不要到不卫生的地方去用餐等。

8.4 注意带团小集体的配合，时刻与游客在一起

工作人员要密切配合，时刻清点人数，注意拖拉的游客和他们的动向。

任务完成

①学生理解事故、旅游安全和旅游事故的含义。
②学生知道旅游事故处理的原则。

③学生能按照程序处理旅游事故。

④学生知道旅游事故预防的相关措施。

任务拓展

1.旅游安全事故的等级

旅游安全事故从程度上可分为轻微、一般、重大和特大事故四个等级。

1.1 轻微事故

轻微事故是指一次事故造成旅游者轻伤，或经济损失在1万元以下者。

1.2 一般事故

一般事故是指一次事故造成旅游者轻伤，或经济损失在1万～10万元（含1万元）者。

1.3 重大事故

重大事故是指一次事故造成旅游者重伤或死亡，或经济损失在10万～100万元（含10万）者。

1.4 特大事故

特大事故是指一次事故造成旅游者死伤多人，或者经济损失在100万元以上者，或者性质特别严重，产生重大影响者。

2.国际救援组织参与救援

国际救援组织联盟（IAG）是一个专门为商务休闲游客、涉外工人和跨国公司提供全球范围的医疗、旅行援助的单个救援公司的全球性联盟。目前，国际救援组织联盟的25个成员公司已经在46个国家设立了警报中心，拥有多语种操作人员和专业医疗人员，在全球范围内服务超过8 700万人。国际救援组织联盟拥有专业的技术和资源，服务范围超过200个国家，使其区别于其他的救援服务提供者，每个成员公司带来具有地方特色的知识和资源，使国际救援组织联盟真正具备全球化特征，确保以其丰富的经验为客户提供优质和经济的服务。

入境旅游团在我国境内发生重大安全事故，可能会有国际救援组织（亚洲急救中心AEA和欧盟急救中心SOS）直接参与救援和善后处理，我国有关方面要为他们提供方便。

IAG 是国际救援组织联盟，SOS 是一个真正意义上的救援组织。

3.旅游事故可能造成的后果

对游客而言，旅游事故可能造成的后果包括：财产损失、精神伤害甚至生命威胁等。

对旅行社而言，旅游事故可能造成的后果包括：经济损失、声誉损失。

对旅游者亲属而言，旅游事故可能造成的后果包括：如死亡事故或致残增加亲人的经济负担和精神伤害。

对旅游目的地而言，旅游事故可能造成的后果包括：破坏旅游目的地的旅游形象，可能在很长一段时间内才可以恢复声誉。

任务思考

1.什么叫作旅游事故？

2.旅游事故预防的方针是什么？

3.旅游事故的特征有哪些？

4.旅游事故处理的原则是什么？

5.旅游事故处理的一般程序有哪些？

6.旅游事故主要的分类有哪些？如何界定的？

7.如何预防旅游事故的发生？

任务评价

1.学生熟知事故和旅游事故的相关理论知识。

2.将全班学生分成不同的小组，说出不同的旅游事故，学生自评，小组之间互评，教师根据学生完成任务的情况进行评分。

3.综合评价表。

评分项目	学生自评	小组互评	教师评分
处理态度（20分）			
处理速度（20分）			
处理方法（20分）			
处理效果（20分）			
综合评价（20分）			
总　评			

项目二 旅游技术性事故

项目引言

　　旅游技术性事故是指由于旅游接待部门运行机制产生问题或者操作不当而影响旅游活动安排或旅游行程的事故。这类事故只要从业人员具有专业的预判能力，大部分是可以预见或者可以避免的。这些事故有的发生了可以尽快解决，但是有的一旦发生，易造成一定程度的经济损失。

任务一　漏　接

任务描述

　　旅行社接待部王先生接到北京组团社发来的团队行程预订单，按照组团社的要求，8月10日上午，接待一个来自北京的旅游团，王先生按照操作流程，迅速做了全面的接待安排和落实。

　　8月10日这天，王先生正在处理日常业务时电话响了，刚拿起电话，电话那头有人大声说："我们是来自北京的游客，现在已经到机场了，等了半个多小时了，怎么还没有人来接我们啊？"王先生纳闷："事情不是几天前就安排好了吗，到底问题出在哪里？"

　　请问：这是旅游中的什么事故？此刻，王先生该怎么处理？

　　这是旅游活动中常见的旅游事故——漏接。要想正确处理此刻王先生面临的事故，就开始任务学习吧！

任务目标

　　1.理解漏接的概念。

2.能处理漏接事故。

3.可以预防漏接事故。

任务分析

1.漏接的概念

漏接是指旅游团（游客）抵达一地后，无旅行社工作人员（导游）迎接的现象。在旅游中出现了漏接事故，处理不当，后面的工作就很难开展。出现漏接事故，不管是什么原因造成的，旅游团（游客）肯定不满意，合理正确地处理，消除旅游团（游客）的不满情绪就显得非常重要。

2.漏接的处理

①不管是什么原因，旅行社应迅速落实和安排相关人员及时赶到机场（车站、码头），迅速和游客见面，让游客先安定下来。

②真诚面对游客，主动地与游客道歉，耐心听取游客的抱怨。

③待游客情绪稍微平静后，实事求是向游客简单明了地进行解释或情况说明。

④由于接待人员（导游）自身原因造成漏接时，应诚恳地赔礼道歉，采取弥补措施，用更加热情周到的服务完成计划内的全部活动内容。

⑤由于客观原因造成的漏接，接待人员不要认为与己无关而草率行事，应立即与接待社有关部门联系，查明原因；向游客进行耐心细致的解释，以防引起误解；尽量采取弥补措施，努力完成计划，使游客的各种损失降到最低。

⑥尽快让旅游团（游客）登上旅游车，离开机场（码头、车站），按照旅游接待计划行程落实和安排相关的旅游事宜，保障旅游行程的顺利完成。

⑦在目的地游览期间，必要时可请旅行社的领导出面赔礼道歉或酌情给游客一定的物质补偿。

3.漏接的预防

3.1 认真阅读接待计划

旅行社在接到任务后应了解旅游团抵达的日期、时间、接站地点并认真核对清楚。妥善安排，让有责任心、能力强的人员按时去接旅游团（游客）。

3.2 核实交通工具到达的准确时间

旅游团抵达本站的当天，接待人员（导游）应与接待社有关部门联系，了解班次或车次是否有变更，并及时与机场（车站、码头）联系，核实抵达的确切时间。

3.3 提前抵达接站地点

接待人员应与司机商定好出发时间，保证提前30分钟到达接站地点，迎接旅游团（游客）。

任务完成

1.学生理解漏接的概念及其预防。

2.把学生分成不同的小组进行模拟练习，处理漏接事故，学生了解相关的应对措施。

3.学生能按照流程和任务要求进行漏接的处理。

任务拓展

1.漏接的原因

1.1 旅行社接待人员（导游）自身的原因造成的漏接

①接待人员未按预定的时间抵达接站地点。

②接待人员工作疏忽，将接站地点搞错。

③出于某种原因，班次变更，旅游团提前到达，旅行社有关部门在接到上一站旅行社通知后，已在接待计划（或电话记录、传真）上注明，但接待人员没有认真阅读，仍按原计划去接旅游团（游客）。

④新旧时刻表交替，接待人员没有查对新的时刻表，仍按旧时刻表的时间去接旅游团（游客）。

⑤在机场（车站、码头）接站时，接待人员举牌接站的地方选择不当或者接站标志不明显等。

1.2 其他客观原因造成的漏接

①出于交通运输部门的原因，原定班次或车次变更，旅游团（游客）提前到达。

②因接待社有关部门没有接到上一站旅行社的通知，或接到上一站通知，但接待社没

有及时通知该团具体的接待人员。

③司机迟到，未能按时到达接站地点，造成漏接。

④由于交通堵塞或其他预料不到的情况发生，接待人员未能及时抵达机场（车站），造成漏接。

⑤由于国际航班提前抵达或旅游者在境外转站换乘其他航班提前到达而造成漏接。

2.漏接可能造成的后果

①造成旅游团在机场（车站或码头）原地滞留，影响客人的情绪或身心健康。

②旅游活动受阻，可能会出现缩短一地游、取消一地游或者被迫改变游览计划等。

③影响旅行社事前与旅游团（旅游者）签订旅游行程计划或旅游合同。

④影响旅游接待人员、旅行社、旅游地区（国家）的形象。

任务思考

1.什么叫作漏接？

2.漏接的预防措施有哪些？

3.漏接的处理办法有哪些？

任务评价

1.学生熟知漏接的概念、预防等理论知识。

2.将全班学生分成不同的小组，通过角色扮演，模拟漏接事故的发生、处理等。学生自评，小组之间互评，教师根据学生完成任务的情况进行评分。

3.综合评价表。

评分项目	学生自评	小组互评	教师评分
处理态度（20分）			
处理速度（20分）			
处理方法（20分）			
处理效果（20分）			
综合评价（20分）			
总　评			

任务二　空　接

任务描述

某旅行社安排接待部小赵7月5日这天到机场接待一个来自北京的旅游团，该旅游团按旅游接待计划乘坐MU1324航班于7月5日18：00点从北京飞抵昆明，预计21：30到达机场。

7月5日晚上，小赵提前半小时就到机场迎接旅游团，航班准时落地，但是等了半个多小时还是没有看见要接的旅游团。

请问：这是旅游中的什么事故？此刻，小赵该怎么处理？

这是旅游活动中常见的旅游事故——空接。要想正确处理此刻小赵面临的事故，就开始任务学习吧！

任务目标

1.理解空接的概念。

2.能处理空接事故。

3.能提前做好空接的预防。

任务分析

1.空接的概念

空接是指由于某种原因旅游团（游客）推迟抵达某站，接待人员（导游）仍按原计划预定的班次或车次去接站而没有接到旅游团（游客）。

在旅游过程中由于一些不可预料的因素或者各种因素，旅行社没有及时和接站人员沟通，就会造成空接事故。空接事故虽然影响不大，但一旦发生，往往是一个棘手的问题，一步没处理好，每一个环节都会出问题，严重的会影响旅游计划的实施。

2.空接的处理

2.1　排除可能是漏接事故，及时联系饭店

飞机、火车、轮船准时抵达，接待人员（导游）接不到旅游团（游客）时，应该在第

一时间排除漏接的可能，与旅游团下榻的饭店联系，核实旅游团是否自行到了饭店或者饭店安排人员已经把游客接回饭店。

2.2 请旅行社查明原因

立即与地接社联系，请接待部人员查明原因。接待人员（导游）耐心等待地接社的回复。

2.3 旅游团（游客）推迟抵达

经旅行社核实，旅游团（游客）因故推迟到达的，接待人员（导游）要听从接待社的安排。如果推迟的时间不长，应该在机场、车站、码头继续等待，准备迎接不久后来到的旅游团（游客）；如果推迟时间较长或者取消、变更到达时间，可离开机场、码头或车站，重新按照旅行社的安排，落实接待事宜。

2.4 旅游团（者）次日抵达

经核实，旅游团（者）因故次日抵达，地陪所在地的接待社要重新安排住房、餐饮、车辆，地陪要与计调部门协商，重新安排活动计划。

2.5 旅游团（者）取消行程

经核实，旅游团（者）因故取消行程时，接待人员（导游）所在地的接待社应立即取消一切预订事项，如退掉住房、餐饮、车辆和交通票证等；如果下一站有活动还要及时通知组团社和下一站接待社提前做好准备。

3.空接的预防

①地接社应该多和组团社联系，如果有变化应该及时响应，同时，地接社应该及时通知接团的接待人员（导游）。

②接待人员（导游）也应该主动和旅行社联系再次确认交通工具到达的准确时间。

③旅行社和接待人员（导游）都应该及时关注天气变化和交通状况等，做好应变措施。

任务完成

1.学生理解空接的概念及其预防。

2.把学生分成不同的小组进行模拟练习，处理空接事故，学生了解相关的应对措施。

3.学生能按照流程和任务要求进行空接的处理。

任务拓展

1.空接的原因

①由于天气突然变化或机械故障，飞机没有起飞或汽车滞留在途中某地，上一站旅行社不清楚情况，也就无法通知本站接待社，这种属于非责任事故。

②组团社或者上一站接待社知道了团队出现事故，如旅游团（游客）在上一站误了飞机、火车，或上一站旅行社改变了旅游团的行程或改换了交通工具，但因应对突发事故，着急解决，无暇顾及或者还来不及通知本站，这种属于旅行社工作人员的责任事故。

③组团社或者上一站接待社，已经通知本站接待社，但本站接待社没能及时通知接待人员（导游），这种属于旅行社工作人员的责任事故。

④旅游团（游客）主要是散客，因生病、急事，临时取消旅游计划，但没有及时通知旅行社，造成空接。

2.责任事故和非责任事故

责任事故是指能够避免发生，而因为人为原因（工作不得当、措施不到位、操作失误等）未能避免而导致的事故。在旅游中，责任事故通常是责任人承担责任。

非责任事故是指在不可抗力作用下、不能预知的情况下（如自然灾害、交通事故等）发生的事故。在旅游中，非责任事故的责任视具体情况而定。

任务思考

1.什么叫作空接？

2.空接的预防措施有哪些？

3.空接的处理办法有哪些？

4.案例分析：

地陪小周按计划到机场接待一个来自南京的旅游团，该旅游团乘坐的航班将于18:00点飞抵本市。小周按规定时间提前到达机场迎接旅游团，但是等了半个多小时还是没有接到客人。小周立即打电话给旅行社询问，经查实是旅行社相关人员把该团队的抵达时间弄错了，小周接待的团队应该是19:20抵达。请问，此时小周该怎么办？

任务评价

1.学生熟知空接的概念、预防等理论知识。

2.将全班学生分成不同的小组，通过角色扮演，模拟空接事故的发生、处理等。学生自评，小组之间互评，教师根据学生完成任务的情况进行评分。

3.综合评价表。

评分项目	学生自评	小组互评	教师评分
处理态度（20分）			
处理速度（20分）			
处理方法（20分）			
处理效果（20分）			
综合评价（20分）			
总　评			

任务三　错　接

任务描述

　　某旅行社导游小刘到机场接待上海游客一行25人，飞机准点到达后，小刘站在机场接站口热情地等待游客的到来。几分钟后陆续有人出来，这时小刘看见一旅游团走出来。她马上迎接上去问道"你们是从上海过来的吗"，客人回答"是"。小刘很高兴地把游客带上了旅游车。

　　当车子开动时，小刘愉快地致了欢迎词后，接着安排明天的行程："今天晚上大家直接到酒店休息，明天我们早起，游览石林……"正说着，有客人说："我们行程单上不是说明天我们坐车去大理吗？是不是行程改变了？"

　　小刘仔细看了双方的接待计划，发现计划行程完全不一样，再一问，小刘才意识到，她接错了旅游团。这时小刘特别着急，客人也在不停地抱怨。接下来，小刘该怎么做呢？

　　请问：这是旅游中的什么事故？此刻，导游小刘该怎么处理？

　　这是旅游活动中的旅游事故——错接。要想正确处理此刻导游小刘面临的事故，就开始任务学习吧！

任务目标

　　1.理解错接的概念。

　　2.知道错接的后果。

　　3.能处理错接事故。

　　4.能提前做好错接的预防。

任务分析

1.错接的概念

　　错接是指旅游接待人员（导游）接了不应该由他接的旅游团（者）的现象。错接是责任事故，主要是旅游接待人员（导游）责任心不强、粗心大意、工作马虎造成的。旅游接待人员（导游）必须承担责任。

2.错接的处理

2.1 立即报告旅行社

发现错接应立即报告旅行社，请旅行社帮助寻找接待该旅游团的旅行社和导游人员。找到了应立即办理移交手续，并说明情况，诚恳地赔礼道歉。

2.2 寻找自己的旅游团

同时，旅游接待人员（导游）应在旅行社和相关人员的帮助下尽快寻找自己的旅游团，找到后，向旅游者实事求是地说明情况，真诚地赔礼道歉，更加热情地提供服务。

2.3 将错就错

经过旅行社查实，如果错接了同一家旅行社的旅游团队，两位导游都是地陪，请示领导后可以不交换导游，将错就错，两位导游交换接待计划之后继续带团游览。

2.4 必须交换

经过旅行社查实，如果接错的是分属两家旅行社的团队（游客），必须立刻交换；如果错接了同一家旅行社的旅游团队，两位导游是地陪兼全陪，请示领导后，马上交换旅游团。

不管是哪种情况，都要向游客说明情况，并真诚地赔礼道歉。

3.非法导游或其他不明身份的人接走旅游团（者）的处理

3.1 如果发现非法导游接走

应立即报告接待社，请其协助寻找，报相关的部门进行寻找，若找到非法导游，予以严肃处理。同时，和客人耐心解释，说明情况。

3.2 如果发现旅游团（者）被不明身份的人接走

应马上联系当地接待社，询问情况，是不是旅行社安排了另外的人去接，或者根据旅行社的要求，打电话回组团社询问是不是还有其他人来接待。如果不是，应该马上向相关的旅游行政管理部门报告，严重的还应该报告公安部门依法处理。

4.错接的预防

①接团前认真阅读接待计划，掌握旅游团（游客）的相关信息。

②旅游团（游客）抵达当天，旅游接待人员（导游）必须提前到达接站地点迎接旅游团的到来。

③见到旅游团后，旅游接待人员（导游）要认真核实其团名、代号，核对人数，问清领队姓名等；如果是散客，要问清旅游者的全名和国籍等详细信息。

④提高警惕，预防非法旅行社导游或者其他旅行社人员接走旅游团（游客）。

任务完成

1.学生理解错接的概念及其预防。

2.把学生分成不同的小组进行模拟练习，处理错接事故，学生了解相关的应对措施。

3.学生能按照流程和任务要求进行错接的处理。

任务拓展

1.错接的原因

①旅游接待人员（导游）不重视，思想不集中，工作马虎，不认真。

②接到游客后旅游接待人员（导游）没有及时认真地确认旅游团（游客）的具体信息。

③旅游接待人员（导游）没有有效地和游客沟通，或者沟通不到位，沟通不完全等。

2.错接的后果

①游客不高兴，甚至会投诉。耽搁游客的宝贵时间，影响游客的心情。

②旅行社无端多了麻烦和事故，需要很多方面的弥补，组团社会埋怨地接社，甚至取消以后的合作。旅行社还会对导游的能力产生怀疑，甚至会换掉导游。

③旅游接待人员（导游）会很麻烦，需要各种措施及时弥补。同时还要承受游客的抱怨和旅行社的责罚，在同行之间口碑也会有很大的影响。

④严重的错接事故，如果处理不好会使旅行社无法操作后面的行程，违反旅游合同，甚至需要承担旅行的各种责任。

任务思考

1.什么叫作错接？

2.错接的预防措施有哪些？

3.错接的处理办法有哪些？

4.案例分析：

导游小钱接到了旅游团。上车后，她向游客讲了行程后，发现游客的行程和自己讲的完全不一样，此时小钱该怎么办？经过和旅行社联系，小钱知道自己接了同旅行社导游张某的旅游团。此时小钱又该如何处理？

任务评价

1.熟知错接的概念、预防等理论知识。

2.将全班学生分成不同的小组，通过角色扮演，模拟错接事故的发生、处理等，学生自评，小组之间互评，教师根据学生完成任务的情况进行评分。

3.综合评价表。

评分项目	学生自评	小组互评	教师评分
处理态度（20分）			
处理速度（20分）			
处理方法（20分）			
处理效果（20分）			
综合评价（20分）			
总　　评			

任务四　误机（车、船）

任务描述

2023年国庆节期间，昆明某旅行社小张接待了上海旅游团杨先生一行25人在云南观光游览，按照行程计划的安排，旅游团于10月6日21点乘坐昆明直飞上海的MU2323航班离开昆明。

10月6日晚餐后，小张正准备安排旅游团前往机场时，杨先生和两位团友走过来对小张说："我们去附近买点普洱茶，马上回来。"小张说："我们要去机场了，时间来不及了。"并请全陪过来劝阻。可是杨先生坚持说："现在才18点，距离飞机起飞还有快3个小时，我们就在附近买，几分钟就回来了。"说完就离开了，几分钟后其他客人等着没有事情也相继走开了。

20分钟后，游客们陆续返回了饭店停车场，18点50分左右，客人全部到齐。司机迅速驱车前往机场，当车子行至机场高速入口时，遇到交通堵塞，塞车特别严重，好不容易赶到了机场，飞机已经起飞了。

请问：这是旅游中的什么事故？此刻，小张该怎么处理？

这是旅游活动中的旅游事故——误机（车、船）。要想正确处理此刻小赵面临的事故，就开始任务学习吧！

任务目标

1.理解误机（车、船）事故的概念。

2.知道误机（车、船）事故的后果。

3.能处理误机（车、船）事故。

4.能提前做好误机（车、船）事故的预防。

任务分析

1.误机（车、船）事故的概念

误机（车、船）事故是指由于某些原因或旅行社有关人员工作的失误，旅游团（者）没有按原定航班（车次、船次）离开本站而暂时滞留。误机（车、船）事故，不仅会给旅行社带来巨大的经济损失，还会使旅游者受到经济或其他方面的损失，严重影响旅行社的声誉。旅游接待人员（导游）要高度认识此类事故的严重后果，杜绝此类事故的发生。

2.误机（车、船）事故的处理

①旅游接待人员（导游）应立即向旅行社有关部门报告，有关部门马上报告领导，请求协助。

②旅游接待人员（导游）或旅行社应尽快与机场（车站、码头）联系，争取让游客乘最近班次的交通工具离开本站，或采取包机（车、船），或改乘其他交通工具前往下一站。

③旅游接待人员（导游），包括旅行社领导要安抚旅游团（者）的情绪，安排好旅游团在当地滞留期间的食宿、游览等事宜，或积极协助解决好旅游团滞留期间的食宿等一系列问题，把各方面损失降到最低程度。

④相关人员及时通知下一站接待社，对日程作相应的调整。

⑤旅游接待人员（导游）向旅游团（者）赔礼道歉。

⑥旅游接待人员（导游）写事故报告，相关领导或部门要尽快查清事故的原因和责任，责任者应承担经济损失并受政纪处分。

3.误机（车、船）事故的预防

①旅游接待人员（地陪、全陪）应提前做好旅游团离站交通票据的落实工作，并认真核对日期、航班号、时间、目的地等。在旅游过程中，还应经常了解班次有无变化。

②临行前，不安排旅游团到范围广、地域复杂的景点参观游览。

③临行前，不安排旅游团到热闹的地方购物或自由活动。

④保证旅游团按以下规定时间到达离站地点。

乘国内航班：提前120分钟到达机场。

乘国际航班出境或去沿海城市的航班：提前180分钟到达机场。

乘火车：提前60分钟到达车站。

乘汽车：提前60分钟到达车站。

任务完成

1.学生理解误机（车、船）事故的概念及其预防。

2.把学生分成不同的小组进行模拟练习，处理误机（车、船）事故，学生了解相关的应对措施。

3.学生能按照流程和任务要求进行误机（车、船）的处理。

任务拓展

1.误机（车、船）事故的原因

1.1　客观原因造成的非责任事故

①由于旅游者自身方面原因，如迟到、自由活动等。

②由于途中遇到交通事故、严重堵车、汽车发生故障等突发情况。

③由于天气等自然灾害原因，如冰雪、暴风雨等。

1.2　主观原因造成的责任事故

主观原因主要是指旅游接待人员（导游）或旅行社相关的工作人员（计调、接待部人员等）工作上的差错造成迟误。

①旅游接待人员（导游）安排日程不当或过紧，使旅游团（者）没有按规定时间提前到达机场（车站、码头）。

②旅游接待人员（导游）没有认真核实交通票据，将离站时间或地点搞错。

③班次（车次）变更，但地接社有关人员没有及时通知旅游接待人员（导游）。

2.误机（车、船）事故的后果

①导致旅游者（游客）滞留，造成游客的不满。

②影响旅游者（游客）的旅行计划和出行安排，严重的还会影响到游客的工作和生活。

③给组团社和地接社带来很大的经济损失，严重影响旅行社的声誉。

3.误机事故后客票的处理

团体旅客发生误机，客票作废，票款不退。但是，如果单个旅客未按指定的时间到达机场以致飞机起飞前未能办妥乘机手续，或因旅客乘机手续不全而未能乘机，按民航规定，民航收取票价的50%退票费，余款退回。由于民航或旅客健康原因误机，民航应安排旅客改乘其他航班或者按退票办理，这种情况则不收退票费。

旅客误机后，如要求改乘后续航班，在后续航班有空余座位的情况下，航空公司会积极予以安排，不收误机费。旅客误机后，如要求退票，应到原购票地点办理。在航班规定离站时间以后要求退票的，航空公司将按客票价的50%收取误机费。

如果之前购买的是6折票，误机后，如果后续航班有同等价位的机票，则不用多加费用。如果后续航班折扣上升，如只有7折票，乘客除需要补收实际差额之外，还要收10%的变更费（不用补收机建燃油费）。

误机后，原机票一年内有效，可以留着以后再改签，但票面注明"不得改签、退票"的打折机票不在此类。

任务思考

地陪小刘在送团去火车站的途中遇上堵车，因为高速路上发生了一起特大交通事故，所以去火车站的路几乎瘫痪了。请问小刘这时应该如何处理？

任务评价

1.学生熟知误机（车、船）事故的概念、预防等理论知识。

2.将全班学生分成不同的小组，通过角色扮演，模拟误机（车、船）事故的发生、处理等，学生自评，小组之间互评，教师根据学生完成任务的情况进行评分。

3.综合评价表。

评分项目	学生自评	小组互评	教师评分
处理态度（20分）			
处理速度（20分）			
处理方法（20分）			
处理效果（20分）			
综合评价（20分）			
总　评			

项目三 旅游安全性事故

项目引言

在旅游活动过程中，会遇到涉及旅游者人身、财物安全的事故。对于旅游活动中可能发生的安全事故，一定要把防范工作做在先，"预防为主"方针必须贯穿旅游活动的始终。很多时候这类问题不一定是旅游从业人员本人的责任，但是只有把这些事故处理好才能更好地开展旅游活动，保护旅游者的安全。

任务一　交通事故

任务描述

10月28日，昆明A旅行社导游小卢接待了来自浙江的"云南之旅"旅游团一行25人，按照旅游行程的安排，10月29日这天，早餐后他们前往石林风景区观光游览。

当车子行驶在高速路上时，遇到一长下坡路段，突然小卢感到一猛烈撞击，接着听到一声巨大声响，自己就被甩出了导游席位，等他回过神来，车子已经翻在了路边。此时他才知道旅游车被后面的大货车追尾。

车上的游客尖叫了起来，很多游客身上到处是血，顿时哭声、喊声乱成一片。

这是旅游活动中常见的旅游事故——道路交通事故。要正确处理此刻小卢面临的事故，就开始任务学习吧！

任务目标

1.理解交通事故的概念。

2.能处理旅游交通事故。

3.能提前做好交通事故的预防。

任务分析

1.交通事故的概念

交通事故在旅游活动中时有发生，有航空、公路、铁路和水运几种，最常见的是陆地上的汽车交通事故。

1.1　飞行事故

飞行事故是指从起飞前开车至着陆后关车的飞行全过程中，飞机上发生的直接威胁安全操作或者造成人员伤亡、飞机损坏或失踪的事件。造成飞行事故的原因主要有恶劣的天气条件、飞机的机械故障、飞行员操作失误、地面指挥及勤务保障过失、飞鸟撞击飞机、暴力劫持飞机等。国际民用航空组织将飞行事故划分为失事和事故两类。失事指造成人员伤亡、飞机受到破坏或失踪（包括处于完全不能接近的地方）等后果的事件。事故指没达到失事的严重程度，但直接威胁飞机安全操作和使用的事件。

1.2　水运交通事故

水运交通事故是指船舶、浮动设施在海洋、沿海水域和内河通航水域发生的交通事故，如碰撞、搁浅、进水、沉没、倾覆、船体损坏、火灾、爆炸、主机损坏、货物损坏、船员伤亡、海洋污染等。水运交通事故的概念源于"海事"的概念。关于海事的定义有广义和狭义之分，广义上的海事指"海上有关的事务"，如海事法。这里的海事泛指航海、造船、海上事故、海上运输等所有与海有关的事务。狭义上的海事指"海上事故"或"海上意外事故"。

由于我国不但有广阔的海上水域，而且还包括广大的内陆水域，因此，将狭义上的海事概念拓展为水运交通事故，它既包括发生在海上的交通事故，也包括内陆水域的交通事故。

1.3　道路交通事故

根据《中华人民共和国道路交通安全法》，道路交通事故是指车辆在道路上因过错或者意外造成的人身伤亡或者财产损失的事件。随着社会的发展、进步和旅客、货物的运输量增多，特别是随着机动车拥有量的扩大，道路交通事故日益严重，已成为和平时期严重威胁人类生命财产安全的社会问题。

1.4　铁路事故

铁路事故是指火车（包括所有机车、车厢或车皮一类的车辆）在运行过程中发生碰撞、脱轨、火灾、爆炸、断电等影响正常行车安全的事故，也包括铁路运输系统在相关作业过程中发生的事故、火车在运行过程中与行人、机动车、非机动车、牲畜及其他障碍物相撞的事故，甚至还包括因管理操作不当而导致的严重晚点情况等。

2.道路交通事故的处理

道路交通事故发生后，只要旅游接待人员（导游）没有负重伤，神志还清楚，就应立即采取措施，冷静、果断地处理，并做好善后工作。由于交通事故类型不同，其处理方法也很难统一，但一般情况下，旅游接待人员（导游）应当严格按照旅游安全事故处理程序规定，采取抢救措施。

2.1　立即组织抢救

道路交通事故出现伤亡，旅游接待人员（导游）应沉着组织抢救，让旅游者离开车辆，立刻拨打120，请急救中心迅速赶来救治，在急救车还未到之前，旅游接待人员（导游）应对伤者，特别是重伤员进行止血、包扎、上夹板等初步处理，以赢得救治机会，也可立即拦车送重伤员去医院抢救。

2.2　严格保护现场，立即报案

事故发生后，不要在忙乱中破坏现场，应指定专人保护现场。旅游接待人员（导游）应立即报案，通知交通、公安部门（交通事故报警电话是122，公安部门报警电话是110），请求派人来现场调查处理。

2.3　迅速汇报

在安顿好受伤旅游者后，旅游接待人员（导游）应迅速向所在旅行社领导报告事故发生地点、原因、经过及所采取的措施、旅游者伤亡情况、团内其他旅游者的情况等，听取领导对下一步工作的指示。

2.4 做好其他旅游者的安抚工作

旅游接待人员（导游）应及时安抚其他旅游者的情绪，若事故不是很严重，有可能的话，要组织其他旅游者继续进行参观游览活动。等事故原因查明后，要慎重地向全团旅游者说明。

2.5 协助有关部门做好善后处理工作

旅游接待人员（导游）应积极配合交通、公安部门调查事故原因；协助旅行社有关人员处理善后事宜，如事故原因调查、帮助旅游者向有关保险公司索赔等。

2.6 写出书面报告

在事故处理结束后，旅游接待人员（导游）应就事故的原因、经过，抢救经过，伤亡情况，旅游者的情绪和对处理的反应，事故责任及对责任者的处理等，写详细的书面报告交给旅行社领导。

3.道路交通事故的预防

在旅游活动中发生交通事故，虽然不是旅游接待人员（导游）所能预料和控制的，但是在接待工作中，任何接待人员都应该具有安全意识，协助司机做好行车安全工作，预防交通事故的发生。

旅游接待人员（导游）在接待旅游者前，应该提醒司机检查车辆，发现事故隐患及时提出更换车辆的建议。旅游接待人员（导游）在安排活动日程的时间上要留有余地，不催促司机为抢时间赶日程而违章、超速行驶和疲劳驾驶，要阻止司机开英雄车、斗气车。遇到天气不好（如下雨、下雪、下雾）、交通拥挤、路况不好等情况，要主动提醒司机注意安全，谨慎驾驶。旅游接待人员（导游）应阻止非本车司机开车。不长时间与司机聊天影响司机开车。还要提醒司机不要饮酒。如遇司机酒后驾车，旅游接待人员（导游）要立即阻止，并向旅行社汇报，请求改派其他车辆或调换司机。

任务完成

1.学生理解交通事故的概念和预防交通事故的方法。

2.把学生分成不同的小组进行模拟练习，处理道路交通事故，知道相关的应对措施。

3.学生能按照流程和任务要求进行道路交通事故的处理。

任务拓展

1.交通事故的分类

1.1　道路交通事故分为以下四类

轻微事故，是指一次造成轻伤1～2人，或者财产损失机动车事故不足1 000元，非机动车事故不足200元的事故。

一般事故，是指一次造成重伤1～2人，或者轻伤3人以上，或者财产损失不足3万元的事故。

重大事故，是指一次造成死亡1～2人，或者重伤3人以上10人以下，或者财产损失3万元以上不足6万元的事故。

特大事故，是指一次造成死亡3人以上，或者重伤11人以上，或者死亡1人，同时重伤8人以上，或者死亡2人，同时重伤5人以上，或者财产损失6万元以上的事故。

1.2　飞行事故

中国民航将飞行事故划分为三个等级。

一等事故：①飞机严重损坏或报废，并且造成人员在事故中或事故后10天内死亡；②飞机迫降在水面、山区、沼泽区、森林，无法接近，并且造成人员在事故中或事故后10天内死亡；③飞机失踪。

二等事故：①飞机严重损坏或报废，但在事故中或事故后10天内无人员死亡；②飞机迫降在水面、山区、沼泽区、森林，无法运出，但在事故中或事故后10天内无人员死亡；③有人在事故后10天内死亡，但飞机没有严重损坏或报废。

三等事故：飞机轻微损坏，没有造成人员重伤和死亡。

1.3　水运交通事故的分类

世界各国对海事的分类都有规定，尽管细节不同，但基本原则相同。我国《水上交通事故统计办法》对水运交通事故进行了界定。

1.3.1　碰撞事故

碰撞事故是指两艘以上船舶之间发生撞击造成损害的事故。碰撞事故可能造成人员伤亡、船舶受损、船舶沉没等后果。碰撞事故的等级按照人员伤亡或直接经济损失确定。

1.3.2 搁浅事故

搁浅事故是指船舶搁置在浅滩上，造成停航或损害的事故。搁浅事故的等级按照搁浅造成的停航时间确定：停航在24小时以上7天以内的，确定为"一般事故"；停航在7天以上30天以内的，确定为"大事故"；停航在30天以上的，确定为"重大事故"。

1.3.3 触礁事故

触礁事故是指船舶触碰礁石，或者搁置在礁石上，造成损害的事故。触礁事故的等级参照搁浅事故等级的计算方法确定。

1.3.4 触损事故

触损事故是指触碰岸壁、码头、航标、桥墩、浮动设施、钻井平台等水上、水下建筑物，或者沉船、沉物、木桩渔棚等碍航物并造成损害的事故。触损事故可能造成船舶本身和岸壁、码头、航标、桥墩、浮动设施、钻井平台等水上、水下建筑物的损失。

1.3.5 浪损事故

浪损事故是指船舶因其他船舶兴波冲击造成损害的事故。也有人称之为"非接触性碰撞"，因此，浪损事故的损害计算方法可参照碰撞事故的计算方法。

1.3.6 火灾、爆炸事故

火灾、爆炸事故是指因自然或人为因素致使船舶失火或爆炸造成损害的事故。同样，火灾、爆炸事故可能造成重大人员伤亡、船舶损失等。

1.3.7 风灾事故

风灾事故是指船舶遭受较强风暴袭击造成损失的事故。

1.3.8 自沉事故

自沉事故是指船舶因超载、积载或装载不当、操作不当、船体漏水等原因或者不明原因造成船舶沉没、倾覆、全损的事故；但其他事故造成的船舶沉没不属于"自沉事故"。

1.3.9 其他引起人员伤亡、直接经济损失的水运交通事故

例如，船舶因外来原因使舱内进水、失去浮力，导致船舶沉没；船舶因外来原因造成严重损害，导致船舶全损等。

2.旅游安全事故善后处理原则

旅游安全事故发生后，旅游接待人员（导游）与有关人员一道全力以赴，进行救援，采取一切可能的手段，尽最大努力，减少人员伤亡和财物的损失，把事故造成的人员伤害、财物损失和不利影响降到最低限度，保护旅游者的基本权益，维护我国旅游业的声誉。在旅游安全事故的善后处理工作中，应恪守保护旅游者的基本权利和利益为第一的原则。在具体工作中要遵循下述基本原则。

2.1　依法办事

具体善后事宜的处理，要依据我国现行的法律、规定、条例和制度办理，要依法办事，要言出有据，不能凭主观臆断，避免引发麻烦和扩大事端。

2.2　尊重当事人的意愿

在不违反法律规定的情况下，各项具体事宜的处理，要尽可能地尊重伤亡人员及其家属的意愿，不要激化矛盾。

2.3　尽早开放现场

造成海外旅游者伤亡事故的现场取证工作，要尽可能赶在伤亡人员家属来到现场之前完成，尽可能早地对外开放现场，以减少外界的无端猜疑。

2.4　尊重风俗习惯和宗教信仰

尊重当事人本人及其所在国家和地区的风俗习惯，在善后处理工作中，一定要考虑伤亡者所在国家、地区和民族的风俗习惯以及宗教信仰。

3.国际救援组织的参与

①海外旅游者在我国境内遇意外事故时，如果该旅游者是国际救援组织的客户，国际救援组织可直接参与救援服务；即使不是客户，但得到外国保险公司的委托或外国驻华使领馆①的委托，国际救援组织也可参与救援服务。

②国际救援中心参与救援及善后处理时，我国有关方面要允许他们介入，并在他们进入现场、救护和转运伤病员、死者遗体火化和遣返等方面给予必要的协助并提供相关证明。

③在我国设立办事处的国际救援组织有亚洲急救中心（AEA）和欧洲急救中心（SOS）。他们在我国设有24小时多种外国语言的值班服务。

任务思考

2009年4月25日6时40分左右，楚雄州昆楚公路127千米处发生一起特大交通事故，一辆旅游客车与一辆拉西瓜的大货车相撞，已造成19人死亡，21人受伤。

4月25日1时左右，一辆运煤的货车从楚雄往昆明方向行驶，到昆楚公路孔家庄隧道楚

---

①使领馆：大使馆、领事馆的统称。

昆出口处撞在公路中间护栏上，导致交通事故，无人员伤亡。昆楚高速公路交巡警设置警示锥桶。当日6时40分左右，云南省旅游公司的旅游客车行驶到此路段时已经减速，但紧随其后的一辆运输西瓜的大货车与客车追尾，致使客车翻下公路约100米，导致客车上14人当场死亡；大货车继续往昆明方向行驶约50米后，也翻下公路约60米，导致货车上2人死亡。

请问应该如何预防和处理这起道路交通事故？

任务评价

1.学生熟知交通事故的概念、预防等理论知识。

2.将全班学生分成不同的小组，通过角色扮演，模拟道路交通事故发生、处理等，学生自评，小组之间互评，教师通过学生完成任务的情况进行评分。

3.综合评价表。

评分项目	学生自评	小组互评	教师评分
处理态度（20分）			
处理速度（20分）			
处理方法（20分）			
处理效果（20分）			
综合评价（20分）			
总　评			

任务二　治安事故

任务描述

　　某旅行社接待来自浙江的王先生一行24人到北京旅游，这天下午，旅游团在恭王府游览结束后去吃午饭，在停车场准备乘车时，有小贩给王先生他们推销旅游商品，出于好奇，王先生就接过商品看看随后还给小贩，这时小贩就要求王先生一定要购买他的商品，王先生不答应，两人就吵起来，接着动起了手。

　　这是旅游活动中常见的治安事故。要正确处理此刻王先生面临的事故，就开始任务学习吧！

任务目标

　　1.理解治安事故的概念。

　　2.能处理治安事故。

　　3.能提前做好治安事故的相关预防。

任务分析

1.治安事故的概念

　　旅游团（游客）在旅游期间，遇到坏人行凶、诈骗、偷盗、抢劫等活动，导致旅游者身心及财物受到损害，统称治安事故。

2.治安事故的处理

　　在整个旅游行程中，一旦发生了治安事故，旅游工作人员（导游）要全力保护旅游者的人身、财物安全，绝不能置身事外。

2.1　保护旅游者的安全

　　遇到歹徒骚扰、行凶、抢劫，旅游工作人员（导游）要临危不惧，绝不能临阵脱逃，情况允许时要将旅游者转移到安全地点；旅游工作人员（导游）要勇敢，但不能鲁莽行事，要防备歹徒的凶器，要保护旅游者的安全，也要保护好自己。

2.2 迅速组织抢救

若有旅游者受伤，应立即做好必要的伤口处理，尽快送往附近医院，尽力保护现场。

2.3 立即报警

立即拨打110报警，公安人员赶到后，旅游工作人员、导游要积极配合、协助侦查。

2.4 报告接待旅行社

尽快将案情报告提交给社领导，情况严重时，请旅行社领导到现场指挥处理。

2.5 进行妥善处理

治安事故发生后，旅游工作人员（导游）要设法稳定旅游者的情绪，如果后果不是很严重，就应设法继续进行旅游活动；在领导指导下准备好必要证明及相关资料，处理好种种善后事宜；注意破案情况，一有结果，经领队向全团通报。

2.6 写出书面报告

旅游工作人员（导游）或者相关人员写出翔实的书面报告，力争用原话表述并注明反映者的身份。

3.治安事故的预防

在旅游行程接待工作中，旅游工作人员（导游）要始终提高警惕，采取有效措施并随时提醒旅游者，尽力防止发生治安事故。

3.1 旅游者（游客）入住饭店后做好提醒工作

①入住饭店后，提醒旅游者保管好贵重物品。

②向旅游者讲清外币兑换的有关规定，提醒他们不要私自与他人兑换外币，更不要在偏僻的地方与不熟悉的人兑换外币。

③提醒旅游者不要将自己的房间号告诉不熟悉的人；出入房间一定要锁好房门；晚间，不要有人敲门就贸然开门，以防意外；不要让不熟悉的人和自称饭店维修人员的人进入房间。

3.2 旅行、游览时旅游接待人员（导游）的预防工作

①旅游车行驶途中，不得停车让非本车人员上车，若有不明身份者拦车，提醒司机不要停车。

②下旅游车时，提醒旅游者不要将证件和贵重物品遗留在车上；旅游者下车后，提醒司机关好车窗、锁好车门，不要让陌生人上车，不要离车太远；旅游者返回上车时，旅游接待人员（导游）和司机要尽力阻止小商贩上车兜售商品。

③参观游览活动时，旅游接待人员（导游）要始终和旅游者在一起，随时注意观察周围环境和旅游者的行踪，不时清点人数；发现可疑现象，尽力引领旅游者避开；在人多拥挤的公共场所，要提醒旅游者不要离开团队，注意保管好自己的证件、财物。

任务完成

1.学生理解治安事故的概念及预防治安事故的方法。

2.把学生分成不同的小组进行模拟练习，处理治安事故，知道相关的应对措施。

3.学生能按照流程和任务要求进行治安事故的处理。

任务拓展

1.公共事故的分类

1.1 按物质的危险因素分类

按照现行的国家标准，将事故分为20类，其中常见的有火灾、爆炸、中毒、窒息、高空坠落、车辆伤害、触电事故等。

1.2 按照事故的性质分类

①破坏事故。指行为人出于犯罪动机并为了某种目的而故意制造的事故。在客观上往往会造成一定的人员伤亡和财产损失，如放火、投毒、爆炸等。

②责任事故。指责任人在生产经营或其他工作中，由于懈怠态度，违反本职规章制度或操作规程，造成严重后果的重大事故。从实际情况看，引发责任事故的直接原因是违章指挥、违章作业和违反劳动纪律。

③技术事故。指由于受专业知识和技术水平的限制，事物发生突变的原因超出与事故

有关人员所应当预见和认识的范围，或者超出了目前科学技术水平所能认识和控制的范围而造成的事故。该事故在主观方面不存在故意和过失。

1.3　按危害程度分类

①一般事故。指死亡1人以上3人以下（不含3人）或重伤3人以上5人以下，直接经济损失在100～10 000元的事故。

②重大事故。指死亡3人以上（含3人）10人以下（不含10人），直接经济损失10 000元以上的事故，或危及外宾、知名人士，虽未造成人身伤亡，但造成政治负面影响的事故。

③特大事故。是指造成特别重大人身伤亡或巨大经济损失，且符合国家有关部门制订的特大事故标准的事故，以及性质特别严重、产生重大影响的事故。

2.公共治安事故的预防

公共治安事故是一种社会公害，预防治安事故必须采取综合措施，才能有效避免治安事故发生。除了积极采取预防措施外，还应该做好以下工作。

①增强防范意识，克服麻痹思想，加强责任意识，积极参加群防群治，树立自我保护意识，提高防范能力。

②自觉严格遵守各种安全规章制度，保证安全规章制度在自己身上落实。

③运用"海恩法则"，即一起重大飞行安全事故背后有29个事故征兆，每个征兆背后有300个事故苗头，每个苗头背后有1 000个事故隐患。加强工作责任，加强对事故的预测，做到防患于未然。

任务思考

1.案例分析：

来自上海的王女士到四川旅游，入住市中心某酒店，这天，九寨沟旅游结束后回到酒店，她打开房间门一看，自己的行李物品被翻得乱七八糟，全部散落在地上，她判定应该是有人进过房间，可能有东西失窃。她赶快打电话给旅行社接待自己的导游小李。如果你是旅行社导游小李，此刻你会怎样处理此事故？

2.旅游中如何处理治安事故？

3.如何进行治安事故的预防？

任务评价

1.学生熟知治安事故概念、预防等理论知识。

2.将全班学生分成不同的小组，通过角色扮演，模拟治安事故发生、处理等，学生自评，小组之间互评，教师通过学生完成任务的情况进行评分。

3.综合评价表。

评分项目	学生自评	小组互评	教师评分
处理态度（20分）			
处理速度（20分）			
处理方法（20分）			
处理效果（20分）			
综合评价（20分）			
总　评			

任务三 火灾事故

任务描述

2016年7月19日，一内地旅游团，原定下午四点半乘坐立荣航空航班从桃园机场返回大连。中午12时57分，当游览车行驶至台湾桃园机场联络道时，突然发生游览车起火意外事故。台湾消防机构根据第一时间现场画面判断，游览车车头冒出大火，浓烟直灌整个车厢，可能是车头严重受损，且浓烟迅速充斥车厢，因此车内乘客及司机无一逃出。事故造成包含司机1人、导游1人、大陆乘客24人，共26人死亡。是近30年来台湾火烧车死伤最惨重的事故。

这是旅游活动中常见的火灾事故。要正确处理此刻面临的事故，就开始任务学习吧！

任务目标

1.理解火灾事故的概念。

2.能处理各种类型的相关火灾事故。

3.能提前做好火灾事故的预防。

任务分析

1.火灾事故的概念

火灾是指在时间或空间上失去控制的灾害性燃烧现象。在各种灾害中，火灾是最经常、最普遍的威胁公众安全和社会发展的主要灾害之一。在遇到火灾时，人们需要安全地、尽快地逃生。

在旅游中，通常火灾事故发生在旅游团下榻的饭店，深夜大家熟睡时失火，造成严重后果；地铁失火，逃生是很大的问题；旅游车突然失火或者车辆突然碰撞等着火会造成较大伤亡。旅游接待人员（导游）不要因火灾事故不常见而掉以轻心，也不要因没有经历过而惊慌失措。

2.火灾事故的处理

2.1　入住饭店时发生火灾的应急处理

2.1.1　火速通知游客，迅速撤离

旅游接待人员（导游）知道饭店失火后要立即报警，采取一切可行的措施通知领队和全团旅游者，迅速撤离。在饭店发生火灾后逃生时，要轻装、快速、有序，避免摔倒，不盲目跳楼。

2.1.2　火灾事故发生后要设法自救

发现火灾时已晚，无法逃离火灾现场时，旅游者要设法自救，需要掌握正确的自救方法。

用湿毛巾捂住口鼻，趴在墙根，爬行穿越浓烟，爬到烟少的地方，避免被烟气熏呛烧伤或窒息，可能时打开窗户。大火封门时，或泼水降温，或用浸湿的衣被封堵塞严，越严实越好。房内有明火时，或泼水灭火，或用浸湿的被褥包住身体保护自己，等待救援。若身上着火，可就地打滚，或用浸湿的衣被压灭火苗。消防队员到来后，要一面高声喊叫，一面挥舞色彩鲜艳的衣物，争取救援。

2.1.3　尽快集中全体旅游者

旅游接待人员（导游）撤至安全地带，应寻找本团旅游者，让大家聚集在一起。发现有人失踪，应组织人力尽快寻找；有人受伤，应及时救治。

2.1.4　报告旅行社

迅速报告旅行社，地接社通知组团社，做好相应的应急措施，拿出具体的处理办法。

2.1.5　稳定情绪，等待处理

旅游接待人员（导游）要稳定游客的情绪，与相关部门做好配合工作，等待处理。

2.1.6　正确处理善后事宜

配合好消防部门、饭店和旅行社，做好游客的安抚和安顿工作，确保游客的安全。做好相关的善后事宜。

2.1.7　翔实的书面报告

根据事故的情况，写出书面报告，备查和协助调查火灾的原因等。

2.2　地铁或火车失火自救

乘坐地铁、火车时，万一失火，发生爆炸或火灾，旅客要冷静应对，立即按响车厢内紧急报警装置通知司机；不要随意扒门，更不得跳下轨道，而要利用应急装置，手动打开车门；听从指挥，尽可能有序疏散；注意保护呼吸道。

2.3 乘坐的旅游汽车发生火灾的处理

2.3.1 当汽车发动机发生火灾时的处理

旅游车驾驶员应迅速停车，让全体游客打开车门自行下车，然后切断电源，取下随车灭火器，对准着火部位的火焰正面猛喷，扑灭火焰。

2.3.2 当汽车在加油过程中发生火灾时的处理

旅游车驾驶员不要惊慌，要立即停止加油，迅速将车开出加油站（库），用随车灭火器或加油站的灭火器以及衣服等将油箱上的火焰扑灭，如果地面有流散的燃料，应用库区灭火器或沙土将地面的火焰扑灭。

2.3.3 当汽车被撞后发生火灾时的处理

由于被撞车辆零部件损坏，乘车游客伤亡比较严重，首要任务是设法救人。如果车门没有损坏，应打开车门让所有人员逃出，如果比较严重就只有配合相关部门迅速救人灭火。

2.3.4 当旅游车不明原因突然发生火灾时的处理

由于车上游客较多，旅游接待人员（导游）要冷静果断，应考虑到救人和报警，视着火的具体部位而确定逃生和扑救方法。如着火的部位在公共汽车的发动机，应让驾驶员开启所有车门，让游客从车门下车，再组织扑救火灾。如果着火部位在汽车中间，驾驶员开启车门后，乘客应从两头车门下车，驾驶员和旅游接待人员再控制火势。如果车上线路被烧坏，车门无法开启，游客可从就近的窗户下车。如果火焰封住了车门，车窗因人多不易下去，可用衣物蒙住头从车门处冲出去。

3.火灾事故的预防

3.1 饭店火灾事故的预防

3.1.1 必要提醒

旅游接待人员（导游）应提醒旅游者不要携带易燃、易爆物品，不在托运的行李中夹带易燃、易爆等违禁物品；提醒旅游者不在床上吸烟，不乱扔烟头和其他火种。

3.1.2 熟悉饭店安全通道

入住饭店后，旅游接待人员（导游）要熟悉所在饭店楼层的安全门、安全通道，并向游客详细介绍；提醒他们熟悉客房门上贴的安全路线示意图，掌握失火时应走的路线；提醒旅游者，一旦发生火灾，不要乘坐电梯，只能从安全通道逃生。

3.3.3　牢记火警电话119

旅游接待人员（导游）要牢记火警电话；掌握领队及全团成员的住房号码，以便失火时及时通知他们。

3.2　旅游汽车火灾事故的预防

①旅游汽车上路行驶前，要认真检查，确认机件良好，特别是电路、油路良好，才能投入运行，防止"带病"运行。行驶中如发生故障，要认真查明原因进行维修。

②旅游汽车在有谷草的道路上行驶时，驾驶员要特别注意，保持低速行驶，当发现异常情况，应立即停车检查。

③严格遵守交通规则，防止发生交通事故，再引发火灾、爆炸事故。

④旅游汽车要随车配备灭火器材，如灭火毯、灭火器、防火沙等灭火设施。

⑤在高温季节，不要在旅游汽车的挡风玻璃、驾驶座等处放置打火机、花露水等易燃易爆物品，以防高温暴晒引发火灾。

任务完成

1.学生理解火灾的概念及预防火灾的方法。

2.把学生分成不同的小组进行模拟练习，处理火灾事故，知道相关的应对措施。

3.学生能按照流程和任务要求进行火灾的处理。

任务拓展

1.灭火器的分类

灭火器的种类很多，按其移动方式，灭火器可分为手提式灭火器和推车式灭火器；按驱动灭火剂的动力来源可分为储气瓶式灭火器、储压式灭火器、化学反应式灭火器；按所充装的灭火剂，可分为泡沫灭火器、干粉灭火器、卤代烷灭火器、二氧化碳灭火器、酸碱灭火器、清水灭火器等。

2.灭火器的使用步骤

第一步，取下喷枪，展开出粉管；第二步，用双手紧握喷枪，对准火焰边缘根部；第三步，拔掉保险销，打开灭火器阀门；第四步，扣动扳机，由近至远灭火。

3.汽车发生火灾的原因

①油路管道损坏，油品漏出，遇电火花、高温起火。如汽车油路管道固定不牢或老化，很容易引起油管与汽车其他部件撞击摩擦，造成管道外壁磨损漏油，遇电火花、高温起火。

②电气线路绝缘层损坏造成短路起火。电气线路遍及整个汽车车身，在使用过程中，如线路老化磨损，容易造成电气线路短路。

③汽车零件损坏脱落与地面摩擦，引燃可燃物。

④汽车修理后有手套、抹布等遗忘在排气管或发动机上，因高温加热而引燃引发火灾。

⑤公路上晒有谷草等，缠绕在转动轴上摩擦发热起火。往往在夏季乡村道路上，存在打场晒粮现象，如果车辆在晒有谷草的公路上行驶较快，谷草易缠绕在转动轴上摩擦发热引发火灾。

⑥乘客吸烟乱扔烟蒂引起火灾。

⑦乘客携带化学危险品上车引起火灾。

⑧制动器出现故障（制动摩擦片摩擦高温引燃轮胎）引发火灾。

任务思考

1.案例分析：

8月18日凌晨1时左右，贵州黎平县肇兴镇肇兴村"梦幻肇兴"客栈发生一起火灾。事故造成9人不幸遇难、2人受伤。8月18日，参与灭火的附近旅店陆老板告诉大皖新闻记者："起火时游客在睡觉，发现着火后都很慌张，遇难者中有儿童。"

请问，在饭店内发生火灾，导游该怎么处理？

2.案例分析：

据河南省应急管理厅官方网站3月23日消息，3月22日19时15分许，河南省一辆从郑州开出的柴油旅游大巴豫AZ××××（机动车所有人为河南迅驰汽车旅游服务有限公司）在湖南常长高速西往东方向119千米+655米处（常德市汉寿县太子庙服务区附近）突然起火。该车核载59人，实载56人，其中乘客53人、司机2人、导游1人。事故造成26人死亡，28人受伤（其中5人重伤），2名司机已被控制。受伤人员已妥善安排在当地3家医院接受救治。请问，旅游汽车发生火灾，旅游接待人员（导游）该怎么处理？

3.火灾时的预防措施有哪些？

4.火灾发生后该怎样处理？

任务评价

1.学生熟知火灾事故的概念、预防等理论知识。

2.将全班学生分成不同的小组，通过角色扮演，模拟火灾事故发生、处理等，学生自评，小组之间互评，教师通过学生完成任务的情况进行评分。

3.综合评价表。

评分项目	学生自评	小组互评	教师评分
处理态度（20分）			
处理速度（20分）			
处理方法（20分）			
处理效果（20分）			
综合评价（20分）			
总　评			

项目四　旅游遗失事故的预防和处理

项目引言

　　外出旅游的过程中，游客经常遗失物品，不论是贵重物品、行李还是证件，甚至游客自己走失，发生此类事故需要引起重视，严重的会影响整个旅游团的行程。导游应该事先多做提醒工作，发生问题时应该按照正确的程序进行处理。

任务一　贵重物品遗失事故

任务描述

　　地陪导游小王在带一外国旅游团游览的过程中，突然团内某游客来告知他，自己的单反相机不见了，请问小王应该如何处理？

　　请问：这是什么旅游中的什么事故？此刻，地陪导游小王该怎么处理？

　　这是旅游活动中的旅游事故——贵重物品遗失。要正确处理此刻地陪导游小王面临的事故，就开始任务学习吧！

任务目标

　　1.理解贵重物品的概念。

　　2.知道贵重物品遗失的后果。

　　3.能处理贵重物品遗失事故。

　　4.能提前做好贵重物品遗失的预防工作。

任务分析

1.贵重物品的概念

贵重物品没有统一的定义，但基本可以划分为以下几类。

①有价证券，如现金、存折、信用卡、银行卡、国债、国库券、钱包等。

②重要证照，如户口簿、房产证、身份证、结婚证、护照、签证、毕业证、学位证、资格与获奖证书等。

③珍贵物品，如珠宝、首饰、名表、字画、珍贵礼品、祖传物品等。

④各类型卡，如贵宾卡、会员卡、门卡、燃气卡、电卡、医疗卡、打折卡、保修卡等。

⑤重要物品，如备用车钥匙、房钥匙、门钥匙、公章、名章、执照等。

⑥重要文件，如各种契约、购房合同、购车合同、贷款合同、保险单、贵重商品的票据、保修单等。

⑦特殊物品，如其他具有特殊意义的物品，如画稿、手稿、收藏品等。

⑧隐私物品，如日记、情书、大病病例、身体检查报告等。

⑨其他物品，凡是需要保存的任何物品。

2.外国游客贵重物品遗失的处理

①稳定失主情绪，详细了解物品丢失的经过，物品的数量、形状、特征、价值。仔细分析物品丢失的原因、时间、地点，并迅速判断丢失的性质，是不慎丢失还是被盗。

②立即向公安局或保安部门以及保险公司报案（特别是贵重物品的丢失）。

③及时向接待社领导汇报，听取领导指示。

④接待社出具遗失证明。

⑤若丢失的是贵重物品，失主持证明、本人护照或有效身份证件到公安局出入境管理处填写失物经过说明，列出遗失物品清单。

⑥若失主遗失的是入境时向海关申报的物品，要出示中国海关行李申报单。

⑦若是中国海关行李申报单遗失，要到公安局出入境管理处申请办理《中国海关行李申报单报失证明》。

⑧若遗失物品已在国外办理了财产保险，领取保险时需要证明，可以向公安局出入境管理处申请办理财物报失证明。

⑨若遗失物品是旅行支票、信用卡等票证，在向公安机关报失的同时也要及时向有关银行挂失。

失主持以上由公安局开具的证明，可供出海关时查验或向保险公司索赔。

贵重物品被盗是治安事故，导游应立即向公安机关及有关部门报警，并积极配合有关部门早日破案，挽回不良影响；若不能破案，导游要提供更加周到热情的服务，尽力安慰失主，缓解其低落的情绪。

3.中国游客贵重物品遗失的处理

①立即向公安局、保安部门或保险公司报案。

②及时向接待社领导汇报。

③若旅游团行程结束时仍未破案，可根据失主丢失财物的时间、地点、责任方等具体情况做善后处理。

4.贵重物品遗失的预防

①多做提醒工作。参观游览时，导游要提醒游客带好随身物品和提包；在热闹、拥挤的场所和购物时，导游要提醒游客保管好自己的钱包、提包和贵重物品；离开饭店时，导游要提醒游客带好随身行李物品；下车时提醒游客不要将贵重物品留在车上。

②每次游客下车后，导游都要提醒司机清车、关窗并锁好车门。

任务完成

1.学生理解贵重物品的概念及贵重物品遗失的预防。

2.把学生分成不同的小组进行模拟练习，处理贵重物品遗失事故，知道相关的应对措施。

3.学生能按照流程和任务要求进行贵重物品遗失的处理。

任务拓展

1.贵重物品遗失的原因

①导游没有做好相关提醒工作。

②游客大意，没有随时关注自己的贵重物品。

③有可能是被盗的治安事故。

2.贵重物品遗失的后果

①遗失贵重物品事故有些是游客个人马虎大意造成的，也有些是导游未提醒到位或者

相关部门的工作失误造成的。它们不仅给游客带来经济损失，影响游客的情绪，还可能使导游的工作能力和相关部门的工作效率受到质疑。

②贵重物品遗失会给游客的旅游活动带来诸多不便，严重时甚至耽误游客离境。

任务思考

1.贵重物品遗失的预防措施有哪些？

2.贵重物品遗失的处理办法有哪些？

3.案例分析：

导游小吴接待了一个国内旅游团，某游客在用早餐时找到小吴，说他放在酒店房间里的钱包不见了。此时小吴应该怎么办？

任务评价

1.学生熟知贵重物品遗失的预防及处理等理论知识。

2.将全班学生分成不同的小组，通过角色扮演，模拟贵重物品遗失事故发生、处理等，学生自评，小组之间互评，教师通过学生完成任务的情况进行评分。

3.综合评价表。

评分项目	学生自评	小组互评	教师评分
处理态度（20分）			
处理速度（20分）			
处理方法（20分）			
处理效果（20分）			
综合评价（20分）			
总　评			

任务二　证件遗失事故

任务描述

地陪导游小刘接到一个归国华侨的旅游团队，游客回到中国感慨万分，对祖国的强大感到自豪，对小刘的服务也很满意。在行程快要结束时，突然有个游客来找到小刘，说自己的护照找不到了，请问小刘应该如何处理？

请问：这是什么旅游中的什么事故？此刻，地陪导游小刘该怎么处理？

这是旅游活动中的旅游事故——证件遗失。要正确处理此刻地陪导游小刘面临的事故，就开始任务学习吧！

任务目标

1.知道证件遗失事故的后果。

2.能处理证件遗失事故。

3.能提前做好证件遗失事故的预防。

任务分析

1.证件遗失事故的处理

①若游客证件丢失，首先请失主冷静地回忆，详细了解丢失情况，找出线索，尽量协助寻找。

②如确已丢失，马上报告公安部门、接待社领导和组团社，并留下游客的详细地址、电话。

③根据领导或接待社有关人员的安排，协助失主办理补办手续，所需费用由失主自理。

2.华侨在中国遗失护照和签证的处理

①接待社开具遗失证明。

②失主准备照片。

③失主持证明、照片到公安局出入境管理处报失并申请办理新护照。

④失主持新护照到其居住国驻华使领馆办理入境签证手续。

3.外国游客在中国遗失外国护照和签证的处理

①由旅行社出具证明。

②请失主准备照片。

③失主本人持证明到当地公安局（外国人出入境管理处）报失，由公安局出具证明。

④失主持公安局的证明去所在国驻华使领馆申请补办新护照；护照签发后，持新护照和《外国人护照报失证明》以及补发原签证所需的相应材料到公安局外国人出入境管理处申请相应种类的签证。

4.外国旅游团在中国遗失团体签证的处理

①由接待社开具遗失公函。

②准备原团体签证复印件（副本）。

③重新打印与原团体签证格式、内容相同的该团人员名单。

④收齐该团全体游客的护照。

⑤持以上证明材料到公安局出入境管理处报失，并填写有关申请表（可由一名游客填写，其他人员附名单）。

5.中国公民出境旅游遗失中国护照和签证的处理

①请地陪陪同协助在接待社开具遗失证明。

②持遗失证明到当地警察机构报案，并取得警察机构开具的报案证明。

③持当地警察机构的报案证明和有关材料到我国驻该国使领馆领取中华人民共和国旅行证。有些国家拿到了旅行证还不能出关，还要到移民局补办入境签证。

④回国后，可凭中华人民共和国旅行证和境外警方的报失证明，申请补发新护照。同时交回旅行证注销。

6.中国港澳居民在内地丢失港澳居民来往内地通行证的处理

①向公安局派出所报失，并取得报失证明，或由接待社开具遗失证明。

②持报失证明或遗失证明到公安局出入境管理处申请领取赴港澳证件。

③经出入境管理部门核实后，给失主签发一次性中华人民共和国入出境通行证。

④失主持该入出境通行证回港澳地区后，填写港澳居民来往内地通行证件遗失登记表和申请表，凭本人的港澳居民身份证，向通行证受理机关申请补发新的通行证。

7.中国台湾居民在大陆遗失台湾居民来往大陆通行证的处理

①向当地的市、县公安机关报失。

②经调查属实的，可以允许重新申请领取相应的旅行证件，或者申请一次有效的出境通行证件。

8.遗失中华人民共和国居民身份证的处理

①由当地接待社核实后开具证明。

②失主持证明到公安局报失，经核实后再开具身份证明，并按照交通运输部门的规定办理乘坐交通工具的临时证明。

③回到居住所在地后，凭公安局的报失证明和有关材料到当地派出所办理新身份证。

如是乘飞机前丢失居民身份证，有三种方式可以办理。①游客可以通过人工服务方式办理临时乘机证明，即前往机场警务室办理。②目前国内大部分机场设置有临时身份证办理终端，游客可以通过输入身份证号、人脸识别等步骤进行快速办理。③游客可在国务院客户端小程序上办理民航局公安局提供的临时乘机证明。电子临时乘机证明只作临时乘机使用，有效期为15天，且只适用于使用身份证购票的旅客。

如是乘火车前丢失居民身份证，有两种方式可以办理。①游客可到车站的铁路公安制证口办理临时身份证明进站乘车。②手机上的12306App实现了开具电子临时乘车身份证明的功能，游客可在12306手机App上在线提交电子临时乘车身份证明申请，通过后即可在车站完成相关业务的服务。

9.证件遗失事故的预防

①多做提醒工作。参观游览时、在热闹拥挤的场所和购物时，导游要提醒游客带好并保管好随身物品和证件；离开饭店时，导游要提醒游客带好随身物品，特别要检查是否带齐了相关证件；下车时提醒游客不要将贵重物品和证件留在车上。

②不代为保管游客证件。导游在工作中需要游客的证件时，要经由领队收取，用毕立即如数归还，不要代为保管；还要常提醒游客保管好自己的证件。

任务完成

1.学生理解证件遗失事故的预防。

2.把学生分成不同的小组进行模拟练习，处理证件遗失事故，知道不同证件遗失的应对措施。

3.学生能按照流程和任务要求进行证件遗失事故的处理。

任务拓展

1.证件遗失事故的原因

①导游没有做好相关提醒工作。

②游客大意，没有随时关注自己的证件。

②有可能是被盗的治安事故。

2.证件遗失事故的后果

①耽搁了游客的宝贵时间，影响游客的心情。

②旅行社无端多了麻烦和事故，需要多方面的弥补，甚至可能影响团队的行程计划。

任务思考

1.证件遗失事故的预防措施有哪些？

2.不同证件遗失事故的处理办法分别是怎样的？

3.案例分析：

地陪导游小李接待了某国内旅游团，在旅游团即将离开当地时，有一位游客找到小李，告知他的身份证丢失。请问小李应该如何处理？

任务评价

1.学生熟知证件遗失事故的预防等理论知识。

2.将全班学生分成不同的小组，通过角色扮演，模拟不同证件遗失事故发生及处理等，学生自评，小组之间互评，教师通过学生完成任务的情况进行评分。

3.综合评价表。

评分项目	学生自评	小组互评	教师评分
处理态度（20分）			
处理速度（20分）			
处理方法（20分）			
处理效果（20分）			
综合评价（20分）			
总　评			

任务三 行李遗失事故

任务描述

地陪导游小林在机场接到了旅游团，带领团队入住酒店后，有一位游客从房间来到酒店大堂找到小林，说其他人的行李都送到房间了，但自己的行李到现在还没送到房间。请问小林应该如何处理？

请问：这是什么旅游中的什么事故？此刻，地陪导游小林该怎么处理？

这是旅游活动中的旅游事故——行李遗失。要正确处理此刻地陪导游小林面临的事故，就开始任务学习吧！

任务目标

1. 知道行李遗失事故的后果。

2. 能处理行李遗失事故。

3. 能提前做好行李遗失事故的预防。

任务分析

1. 在中国境内行李遗失事故的处理

游客在我国境内旅游期间丢失行李，一般可能在3个环节上出了差错，即交通运输部门、旅行社的行李员和饭店行李部门。导游必须认识到，不论是在哪个环节出现的问题，都是我方的责任，应积极设法负责查找。

①仔细分析，找出差错的线索或环节。如果抵达饭店后，游客告知没有拿到行李，问题则可能出现在四个方面：第一，在往返运送行李途中丢失；第二，旅行社行李员与饭店行李员交接时有误；第三，饭店行李员送错了房间；第四，本团游客误拿。出现这些情况，地陪应立即采取措施，地陪、全陪、领队一起先在本团内寻找。如果不是以上原因，应立即与饭店行李部取得联系，请其设法查找。如果仍找不到行李，地陪应马上向接待社领导或有关部门汇报，请其派人了解旅行社行李员有关情况，设法查找。

②做好善后工作。主动关心失主，对因丢失行李给失主带来的诸多不便表示歉意，并

积极帮助其解决因行李丢失而带来的生活方面的困难。

③随时与有关方面联系，询问查找进展。

④若行李找回，及时将找回的行李归还失主。若确定行李已丢失，由责任方负责人出面向失主说明情况，并表示歉意。

⑤帮助失主根据有关规定或惯例向有关部门索赔。

⑥事后写出书面报告，包括事故的全过程，行李丢失的原因、经过，查找过程、赔偿情况及失主和其他团员的反映。

2.外国游客来华途中遗失行李的处理

海外游客行李在来华途中遗失，不属于导游的责任，但导游也应帮助游客追回行李。

①带失主到机场失物登记处办理行李遗失和认领手续。失主须出示机票及行李牌，详细说明始发站、转运站，说清楚行李件数及丢失行李的大小、形状、颜色、标记、特征等，并一一填入失物登记表；让失主将下榻饭店的名称、房间号和电话号码（如已经知道）告诉登记处并记下登记处的电话和联系人，记下有关航空公司办事处的地址、电话，以便联系。

②游客在当地游览期间，导游要时常打电话询问寻找行李的情况，一时找不回行李，要协助失主购置必要的生活用品。

③游客离开本地前行李还没有找到，导游应帮助失主将接待旅行社的名称、全程旅游线路以及各地可能下榻的饭店名称转告有关航空公司，以便行李找到后及时运往相应地点交还失主。

④如行李确系丢失，失主可向有关航空公司索赔或按国际惯例取得赔偿。

3.行李遗失事故的预防

①多做提醒工作。离开饭店时，导游要提醒游客带好随身行李物品；下车时提醒游客不要将贵重物品留在车上。

②切实做好每次行李的清点、交接工作。

任务完成

1.学生理解行李遗失事故的预防。

2.把学生分成不同的小组进行模拟练习，处理行李遗失事故，知道相关的应对措施。

3.学生能按照流程和任务要求进行行李遗失事故的处理。

任务拓展

1.行李遗失事故的原因

①导游没有做好相关提醒工作。

②游客大意，没有随时关注自己的行李物品。

③有可能是航空公司的责任或者是被盗的治安事故。

2.行李遗失事故的后果

①行李遗失事故有的是游客个人马虎大意造成的，有的是航空公司的责任，也有的是导游未提醒到位或者相关部门的工作失误造成的。它们不仅给游客带来经济损失，影响游客的情绪，还可能质疑导游的工作能力和相关部门的工作效率。

②行李遗失会给游客的旅游活动带来诸多不便，严重时甚至耽误游客离境。

任务思考

1.行李遗失事故的预防措施有哪些？

2.行李遗失事故的处理办法有哪些？

3.案例分析：

地陪导游小陈在机场接到了旅游团，有一位游客告知小陈自己没有取到托运的行李，请问此时小陈应该如何处理？

任务评价

1.学生熟知行李遗失事故的预防等理论知识。

2.将全班学生分成不同的小组，通过角色扮演，模拟行李遗失事故发生、处理等，学生自评，小组之间互评，教师通过学生完成任务的情况进行评分。

3.综合评价表。

评分项目	学生自评	小组互评	教师评分
处理态度（20分）			
处理速度（20分）			
处理方法（20分）			
处理效果（20分）			
综合评价（20分）			
总　评			

任务四　游客走失

任务描述

地陪小杨带领旅游团在景区游览，快到出口时，突然有一位游客叫住小杨，说自己另外一个同伴不知去哪里了，请问此时小杨应该如何处理？

请问：这是什么旅游中的什么事故？此刻，地陪导游小杨该怎么处理？

这是旅游活动中的旅游事故——游客走失。要正确处理此刻地陪导游小杨面临的事故，就开始任务学习吧！

任务目标

1.知道游客走失的后果。

2.能处理游客走失事故。

3.能提前做好游客走失的预防。

任务分析

1.游客在景区内走失的处理

只有当游客完全失去联系且在规定时间内没有返回，才能认定为游客走失。其处理办法如下。

①了解情况，迅速寻找。导游应立即向其他游客、景点工作人员了解情况并迅速寻找。首先可以拨打游客电话，在电话联系不上的情况下，地陪、全陪和领队要密切配合，一般情况下是全陪、领队分头去找，地陪带领其他游客继续游览。

②寻求帮助。在经过认真寻找仍然找不到走失者后，应立即向游览地的派出所和管理部门求助，特别是面积大、范围广、地段复杂、进出口多的游览点，因寻找工作难度较大，争取当地有关部门的帮助尤为必要。

③与饭店联系。在寻找过程中，导游可与饭店前台、楼层服务台联系，请他们注意该游客是否已经回到饭店。

④向旅行社报告。如采取了以上措施仍找不到走失的游客，地陪应向旅行社及时报告

并请求帮助，必要时请示领导，向公安部门报案。

⑤做好善后工作。找到走失的游客后，导游要做好善后工作，分析走失的原因。如属导游的责任，导游应向游客赔礼道歉；如果责任在走失者，导游也不应指责或训斥对方，而应对其进行安慰，讲清利害关系，提醒以后注意。

⑥写出事故报告。若发生严重的走失事故，导游要写出书面报告，详细记述游客走失经过、寻找经过、走失原因、善后处理情况及游客的反应等。

2.游客自由活动时走失的处理

①立即报告接待社和公安部门。导游在得知游客自己在外出时走失，应立即报告旅行社领导，请求指示和帮助；通过有关部门向公安局辖区派出所报案，并向公安部门提供走失者可辨认的特征，请求帮助寻找。

②做好善后工作。找到走失者，导游应表示高兴；问清情况，安抚因走失而受惊吓的游客，必要时提出善意的批评，提醒其引以为戒，避免走失事故再次发生。

③若游客走失后出现其他情况，应视具体情况将其作为治安事故或其他事故处理。

3.游客走失的预防

①做好提醒工作。提醒游客记住接待社的名称、旅游车的车号和标志，下榻饭店的名称、电话号码，带上饭店的名片等。导游尽可能与游客互留手机号码。团体游览时，地陪要提醒游客不要走散；自由活动时，地陪要提醒游客不要走得太远，不要回饭店太晚，不要去热闹、拥挤、秩序混乱的地方。

②做好各项活动的安排和预报。在出发前或旅游车离开饭店后，地陪要向游客预告一天的行程，上下午游览点和吃中晚餐餐厅的名称和地址。到游览点后，在景点示意图前，地陪要向游客介绍游览线路，告知旅游车的停车地点，强调集合时间和地点，再次提醒游客记住旅游车的特征和车号。

③时刻和游客在一起，经常清点人数。

④地陪、全陪和领队应密切配合。全陪和领队要主动负责做好旅游团的断后工作。

⑤导游要以高超的导游技巧和丰富的讲解内容吸引游客。

任务完成

1.学生能按照程序处理游客走失事故。

2.把学生分成不同的小组进行模拟练习，处理游客走失事故，知道相关的应对措施。

3.学生能按照流程和任务要求进行游客走失的处理。

任务拓展

1.游客走失的原因

①导游没有向游客讲清车号、停车位置或景点的游览线路。

②游客对某种现象和事物产生兴趣，或在某处摄影滞留时间较长而脱离团队自己走失。

③在自由活动、外出购物时游客没有记清饭店地址和线路而走失。

2.游客走失的后果

①影响游客情绪，耽搁了旅游团的宝贵时间。

②有损带团质量，严重者会影响到旅游团后续行程的开展。

任务思考

1.游客走失的预防措施有哪些？

2.游客走失的处理办法有哪些？

3.案例分析：

地陪导游小蔡接待了一个旅游团，其中有一位游客提出，第二天的行程他不想参加，想自由活动。在做完各种提醒工作之后，小蔡同意了游客的要求。第二天晚上，同屋的另一位游客给小蔡打电话，说该游客一直未返回酒店房间。此时小蔡应该如何处理？

任务评价

1.学生熟知游客走失的预防等理论知识。

2.将全班学生分成不同的小组，通过角色扮演，模拟游客走失事故发生、处理等，学生自评，小组之间互评，教师通过学生完成任务的情况进行评分。

3.综合评价表。

评分项目	学生自评	小组互评	教师评分
处理态度（20分）			
处理速度（20分）			
处理方法（20分）			
处理效果（20分）			
综合评价（20分）			
总　评			

项目五 旅游卫生常识

项目引言

旅游卫生常识对于保证游客的安全和健康具有重要的意义，旅游从业人员需要具备一定的卫生常识处理知识，在旅途中可以触决游客的身体健康问题，还可以为游客的身体健康提供保障。

任务一　晕动病

任务描述

拉萨某旅行社接待了来自南京的李女士一行17人在西藏旅游。旅行社安排导游小赵全陪接待。旅游团乘坐大巴车去往景点，途中李女士和小赵说"感觉头晕、恶心，且越来越严重"，小赵是新导游，刚开始带团，也不知道怎么处理。

请问：这是什么旅游中的什么事故？此刻，该如何处理？

这是旅游活动中常见的晕车。要正确处理此刻李女士的问题，就开始任务学习吧！

任务目标

1.理解晕动病的概念。

2.能处理晕动病事故。

3.能提前做好晕动病的预防。

任务分析

1.晕动病的概念

晕动病（Motion Sickness）是晕车病、晕船病、晕机病以及各种原因引起的摇摆、颠簸、旋转、加速运动等所致疾病的统称。

从医学上说，晕车、晕船和晕机统称为晕动病，主要与影响耳内前庭器有关——高湿、高温、通风不良、闷热、不悦气味、情绪紧张、睡眠不足、过度疲劳、饥饿或过饱、身体虚弱、内耳疾病等均容易导致晕车。

晕动病一般在乘坐汽车等交通工具数分钟或数小时后发病，患者会出现头晕、恶心、面色苍白、不愿说话和活动的症状，如果刺激过强或未及时处理，症状会进一步加重并引起呕吐、心跳减慢、血压下降等反应。

2.晕动病的症状

晕动病开始会感觉上腹不适，继有恶心，面色苍白，出冷汗，旋即有眩晕，精神抑郁，唾液分泌增多和呕吐，血压下降，呼吸深而慢，眼球震颤，严重呕吐引起失水和身体紊乱，症状一般在交通工具停止运行或减速后数十分钟和几小时内减轻或消失，亦有可能持续数天后才逐渐恢复，并伴有精神萎靡，四肢无力，重复运行或加速运动后，症状又可再度出现，但经多次发病后，症状反可减轻，甚至不发生。

3.晕动病的预防

①心理暗示。晕车的部分原因是心理作用。如果你认为自己将会呕吐，那可能成为事实。身心要放松，不要紧张，不要总想到会晕车，最好找其他人聊天，以分散注意力。

②调整座位。坐到车内的前座，并注视前方的路或地平线，将有助于脑部协调来自身体及眼睛的讯息。如果自己驾驶就更好，它使你的眼睛务必注视前方，警觉前方有没有任何变化。同时，尽量固定头部，以避免你的大脑被车子摇晃得更晕。凝视主焦点或是另一个不动的物体，不要坐在与公共汽车、火车、飞机运动方向相反的座位上，不要在运动中阅读。

③避免吸入刺激性气味。避免臭味，如船艇上的引擎烟味、冰桶里的死鱼腥味或从船舱内传来的沙丁鱼三明治味。

④控制好饮食。旅途中勿饮食过量，颠簸的旅途可能使你不太适应某些食物。尽管餐车或机舱内提供的食物丰盛诱人，也勿因此食用过量。

⑤保持空气清新。新鲜空气可防止作呕。若是在车厢内，不妨将车窗打开。若是在船舱内，勿久待船舱，尤其是通风不良的船舱，更不宜久待。到甲板或其他地方透透气。若是在飞机上，可以转开头上的通风设备。

⑥束紧腰带。上车前将腰带束紧，防止内脏过分在体内晃动，有助于预防晕车病发生。

⑦保证充足的睡眠。睡眠不充足、疲劳会增加晕车（晕机或晕船）的概率。因此，在出发前，必须获得充足的睡眠。在旅途中小睡片刻，也有帮助。

⑧加强运动。平时加强锻炼、增强体质，如做转头原地旋转、翻滚等运动，通过运动使晕动病得到缓解。

4.晕动病的处理

4.1　食物治疗

①榨菜。旅途中可以带上一两包榨菜，一方面爽口开胃，解除旅途劳乏；另一方面，榨菜可以缓解乘车时头晕气闷等晕车症状，甚至有人称其为"天然乘晕宁"。在《本草纲目》中，李时珍称"榨菜性温，有宣肺化痰之功效，可以利膈顺气"。这也就是它能开胃并缓解晕车时胃部不适症状的主要原因。古代医书《食疗本草》还有记载，称榨菜可以去头风、下气、明目、利九窍，对头晕有缓解作用。"晕车主要是人耳朵前庭功能障碍所致，而榨菜能通利九窍，能和谐内耳不平衡的状态，从源头上阻击晕车。"

②橘皮。乘车前1小时左右，将新鲜橘皮表面朝外，向内对折，然后对准两鼻孔用两手指挤压橘皮，皮中便会喷射带有芳香味的油雾。可吸入10余次，乘车途中也照此法随时吸闻。

③姜。行驶途中将鲜姜切片，装于小塑料袋内随身携带，乘坐交通工具时随时放于鼻孔下面闻，使辛辣味吸入鼻中。姜能预防晕车，姜的作用在于它能吸收胃酸，以阻止恶心。还可以将姜片贴在肚脐及手腕内关穴上，外面用活血止痛膏固定，此家庭疗法经广泛使用，对晕车带来的恶心有极佳的疗效。

④食醋。乘车前5～10分钟，饮一杯加有几滴食醋的温开水，途中也不会晕车。

⑤橄榄及柠檬。晕车的初期会产生过量的唾液，这些唾液滴入你的胃内，产生恶心的感觉。橄榄及柠檬所产生的鞣酸，能使你口腔干燥。因此，在出现恶心的初兆时，吃点橄榄或柠檬，有助于消除恶心。

4.2　药物治疗

①伤湿止痛膏。乘车前取伤湿止痛膏贴于肚脐眼处，防止晕车疗效显著。

②风油精。乘车途中，将风油精搽于太阳穴或风池穴。亦可滴两滴风油精于肚脐眼处，并用伤湿止痛膏敷盖。

③胃复安。胃复安1片，晕车严重时可服2片，儿童剂量酌减，于上车前10~15分钟吞服，可防晕车。行程2小时以上又出现晕车症状者，可再服1片。途中临时服药者应在服药后站立15~20分钟后坐下，以便药物吸收。此法有效率达97%，且无其他晕车片引起的口干、头晕等副作用。

④服用维生素B₆。旅行前1小时，服用100毫克；2小时以后，再服用100毫克，它可以缓解恶心症状。

⑤指掐内关穴。当发生晕车时，可用大拇指掐在内关穴（内关穴在腕关节掌侧，腕横纹上约二横指，二筋之间）。

⑥常晕车者可服乘晕宁，成人每次25毫克，小儿酌减，以防晕车反应。正确的使用方法是：在出发前0.5~1小时内空腹服药，以缩短药物在胃内的排空时间，使药物尽快被肠道吸收，以便在乘车、乘船、乘机时，药物已达有效浓度，获得满意效果。如需长时间旅行，可因人而异每隔4~6小时重复服用，以保持机体内持续性有效药物浓度，有效防止晕动病的发生。

任务完成

1.学生理解晕动病的概念及其症状。

2.把学生分成晕车、晕机、晕船等不同小组进行模拟练习，能知道并采取相关的应对措施。

3.学生能按照任务要求进行晕动病的预防和处理。

任务拓展

1.晕动病病理病因

晕动病的发病机制尚未完全明了，主要与影响前庭功能有关，前庭器的内耳膜迷路的椭圆囊和球囊的囊斑是感受上下和左右的直线运动，三个半规管毛细胞感受旋转运动，当囊斑或毛细胞受到一定量的不正常运动刺激所引起的神经冲动，依次由前庭神经传至前庭神经核，再传至小脑和下丘脑，因而引起一系列以眩晕为主要症状的临床表现，前庭受刺激后影响网状结构，引起血压下降和呕吐，前庭神经核通过内侧纵束纤维至眼肌运动核引起眼球震颤，小脑和下丘脑受神经冲动后引起全身肌肉张力改变，晕动病与视觉可能有一定关系，例如，当人们凝视快速运动或旋转的物体时也同样可引起本病，小脑受刺激亦可能为本病的又一机理，此外，高温、高湿、通风不良、噪声、特殊气味、情绪紧张、睡眠不足、过度疲劳、饥饿或过饱、身体虚弱、内耳疾病等均易诱发本病。

2.晕动病的饮食保健

饮食清淡，注意膳食平衡。少吃自己不喜欢的食物，油炸食品也应不吃，以防恶心。避免饮酒，不宜抽烟，忌食味重、高脂肪食物，特别是油炸食品，以防恶心。

任务思考

1.案例分析：

8月26日8时20分许，K1068次列车从汉口站开车不久，当班乘警接列车安全员报警称6车厢有一女旅客先是说感到头昏、心慌、口干、恶心，接着说她头痛得厉害，一会儿后突然晕倒，不省人事。乘警一边向现场跑去，一边让安全员通知导游。到广播室通知寻找医生。火车上恰有几个出差的医生、护士主动来到现场救治。

经医生们采取急救措施，该旅客渐渐醒了过来。经医生进一步询问、诊断，原来是旅客赵女士服用了过量的晕车药引起的不良反应。

经了解，赵女士今年58岁，临沂市河东区人，因为赵女士晕车，她在上车前吃了晕车药，为了保险起见，上车后又追加了剂量。据现场的李大夫介绍，赵女士这样做很危险，过量服药会增加不良反应发生的概率，如头昏、头痛、心悸、口干、胃肠道不适，甚至会晕倒、昏迷等。因此，过量吃晕车药不但不能"治晕"，还可能"致晕"。李大夫告诉大家，过量服用药物，如果严重的话，必须去医院洗胃治疗，尽快排除药物的残留，以防身体吸收，加重临床症状；稍严重的话，可以口服利尿药，加速药物从肾脏排出；不严重的话，多喝水，以利尿排毒。赵女士系误解了服用说明导致其服用了双倍剂量的药，不需洗胃治疗或口服利尿药，只要多休息、多喝水，就无大碍。

请问：旅途中旅游发生晕车要怎么处理？旅游服用预防晕车的药物需要注意哪些事项？

2.什么是晕动病？晕动病有什么样的症状？

3.晕动病一般处理方法是什么？

4.旅游从业人员（导游）如何预防晕动病？

任务评价

1.学生熟知晕动病的概念、预防等理论知识。

2.将全班学生分成不同的小组，通过角色扮演，模拟晕动病的发生、处理等，学生自评，小组之间互评，教师通过学生完成的任务情况进行评分。

3.综合评价表。

评分项目	学生自评	小组互评	教师评分
处理态度（20分）			
处理速度（20分）			
处理方法（20分）			
处理效果（20分）			
综合评价（20分）			
总　评			

任务二　中　暑

任务描述

盛夏7月，重庆某旅行社接待了来自昆明的李女士一行17人到重庆三日游。旅行社安排导游小周全陪接待。旅游团在大足石刻游览时，团友李女士"感觉头晕、恶心，不停地流汗"，根据经验李女士应该是中暑了。

请问：此刻，导游小周该怎么处理？

这是旅游活动中常见的中暑。要正确处理此刻李女士的问题，就开始任务学习吧！

任务目标

1.理解中暑的概念。

2.能处理中暑事故。

3.能提前做好中暑的预防。

任务分析

1.中暑的概念

中暑是指因高温引起的人体体温调节功能失调，体内热量过度积蓄，从而引发神经器官受损。该病通常发生在夏季高温同时伴有高湿的天气。遇到高温天气，一旦出现大汗淋漓、神志恍惚，要注意降温。

2.中暑的症状

患者出现高热、无汗、口干、昏迷、血压升高、呼吸衰竭等现象，体温达到40摄氏度以上、皮肤干热无汗、神志障碍、脏器衰竭等。

3.中暑的预防

①喝水。喝的时候要慢慢喝，不要渴了就猛喝；要喝温开水，不要喝冰水；要定时饮水，不要等口渴时再喝；要喝烧开过的水，不要喝生水；要喝新鲜温开水，不要喝"陈"水；还可以多喝加淡盐的温开水。

②喝一些稀释的电解质饮料，要远离酒精、咖啡因和香烟。

③慢慢地适应气温的转变，从事户外活动的时候要放慢速度，不要逞能。

④及时散热，当过于炎热的时候应该用冷水冲淋头部及颈部，让水分蒸发帮助散热。

⑤留意体重变化，中暑有可能导致身体在连续几天内逐渐虚脱，所以如果出现体重在数天内直线下降的情况，应加以留意。

⑥穿浅色的衣服，棉花及聚酯合成的衣物最为透气。外出戴帽子，夏天外出要戴帽子以减缓头颈吸热的速度，特别是秃头或发量不多的人。

⑦外出不要打赤膊。以免吸收更多的辐射热，通风的棉衫和赤膊相比更有消暑的作用。

⑧多吃各种瓜类。冬瓜利尿消炎、清热解毒；丝瓜解暑祛风、化痰凉血；苦瓜祛暑清心；黄瓜中的纤维素可以排出肠道中腐败的食物，降低胆固醇；南瓜补中益气，消炎止痛。

⑨多吃凉性蔬菜，像番茄、茄子、生菜、芦笋等。多吃苦味菜，有利于泄暑热和燥暑湿，苦瓜、苦菜、苦丁茶、苦笋都是夏季防暑的上乘食品。

⑩保证充足睡眠，合理安排作息时间，不宜在炎热中午的强烈日光下过多活动。

4.中暑的急救措施

①轻者要迅速到阴凉通风处仰卧休息，解开衣扣，腰带，敞开上衣。可服十滴水、仁丹等防治中暑的药品。

②如果患者的体温持续上升，有条件可以在澡盆中用温水浸泡下半身，并用湿毛巾擦浴上半身。

③如果患者出现意识不清或痉挛，这时应取昏迷体位。在通知急救中心的同时，注意保证呼吸道畅通。

5.中暑处理常识

①迅速将患者抬到通风、阴凉、干爽的地方，使其仰卧并解开衣扣，松开或脱去衣服，如衣服被汗水湿透最好能更换干衣服。同时可用扇子轻扇，帮助散热。

②面部发红的患者可将头部稍垫高，面部发白者头部略放低，使其周身血液流通。

③最好在患者头部捂上一块冷毛巾，可用浓度50%的酒精、冰水、冷水进行全身擦浴，使末梢血管扩张，促进血液循环，然后用扇子或电扇吹风，促进散热。

④若患者已失去知觉，可让其嗅一些有刺激气味的东西或掐其人中，刺激其苏醒，醒后可喂一些清凉饮料或淡盐水。

⑤轻症患者经上述处理后，待体温降到38摄氏度，体征平稳后，可送其回酒店休息；重症中暑患者应该迅速与医院联系。

任务完成

1.学生理解的中暑概念及其症状。

2.把学生分成不同小组进行模拟练习，能知道并采取相关的应对措施。

3.学生能按照任务要求进行中暑处理。

任务拓展

1.中暑病理病因

因为持续闷热会使人的皮肤散热功能下降，而且红外线和紫外线可穿透皮肤直达肌肉深层，体内热量不能发散，此时热量集聚在脏器及肌肉组织，引起皮肤干燥、肌肉温度升高、导致汗出不来，进而伤害到中枢神经。继而影响全身各器官组织的功能，患者出现局部肌肉痉挛、高热、无汗、口干、昏迷、血压升高、咳嗽、哮喘、呼吸困难，甚至呼吸衰竭等现象，是中暑最严重的一种类型。在高温条件下进行体力活动或非体力活动都可能引发这种严重中暑。如得不到及时妥善的救治，死亡率高达40%～50%。

2.热痉挛

热痉挛是中暑的一种特殊类型。在热而湿度高的地方长时间旅游，有时会突然脸色发青，感到头痛、恶心、头晕并发生痉挛，这叫热痉挛。这种病如不及时处理，会进一步发展，以至于意识消失，最后死亡。轻者要迅速到阴凉通风处仰卧休息，解开衣扣、腰带，要用温水敷头，然后逐步用冷水敷，有条件可采用冰袋或淋浴，擦清凉油、风油精，服藿香正气滴丸。让病人服些人丹或十滴水，然后再喝些凉开水或盐水，如果病人昏倒可用手指压病人的人中穴。如意识丧失，痉挛剧烈，应让患者取昏迷体位（侧卧，头向后仰），保证呼吸道畅通，同时快速通知急救中心。

3.预防中暑的食疗方法

3.1 冷饮西瓜

将西瓜瓤500克，去籽，放入榨汁机中打成汁状，加入500毫升凉开水及适量白糖和少许盐，在冰箱中略冷却后饮用。本品具有清热消暑、生津止渴的作用。

3.2 西瓜翠衣饮

西瓜鲜外皮（又称西瓜翠衣）200克，洗净切碎，加水适量煎煮15分钟，待凉后去渣取汁，加白糖适量，代茶饮。本品具有清暑热、利小便的作用。

3.3 酸梅汤

乌梅50克，桂花5克。将乌梅浸泡半小时，煎煮15分钟后放入桂花，再煮几分钟后过滤取汁，加入白糖适量和食盐少许，待冷后代茶饮。本品有清暑开胃、生津止渴的作用。

3.4 绿豆汤

将绿豆洗净，用沸水浸泡20分钟，捞出后放到锅里，再加入足量的凉水，旺火煮40分钟。这样做出来的绿豆汤豆色鲜艳、清凉解暑，为夏令消暑佳品。

3.5 菊花茶

白菊，开水浸泡，加冰糖适量，代茶饮，有清热明目、消暑止渴的作用，特别适合于高血压患者在夏季饮用。

3.7 荷叶凉茶

鲜荷叶，开水浸泡，加冰糖少许，凉后饮用，有消暑止渴、降脂减肥的作用，适合于肥胖者夏季饮用。

3.8 薄荷凉茶

薄荷、鲜荷叶各30克，加水2 000毫升，煎10分钟过滤后加入适量蜂蜜（或白糖、冰糖），搅匀冷后随意饮用，是清热利尿的良药。

3.9 金银花茶

金银花30克，加适量白糖，开水冲泡，凉后即可饮用。金银花茶味甘，性寒，具有清热解毒、疏利咽喉、消暑除烦的作用。

任务思考

1.案例分析：

7月，北京导游小刘带着游客游览长城，中午在八达岭长城游览中，游客张先生出现头痛、头晕、口渴、多汗、四肢无力发酸、动作不协调等症状，小刘根据症状判断是中暑。

请问：导游小刘要怎么进行及时的处理？

2.什么是中暑？中暑有什么样的症状？

3.中暑一般处理方法是什么？

4.旅游中如何预防中暑？

任务评价

1.学生熟知中暑的概念、预防等理论知识。

2.将全班学生分成不同的小组，通过角色扮演，模拟中暑的发生、处理等，学生自评，小组之间互评，教师通过学生完成的任务情况进行评分。

3.综合评价表。

评分项目	学生自评	小组互评	教师评分
处理态度（20分）			
处理速度（20分）			
处理方法（20分）			
处理效果（20分）			
综合评价（20分）			
总　评			

任务三　骨　折

任务描述

10月1日，安徽A旅行社导游小刘接待来自北京的23人旅游团，按照旅游行程10月2日早餐后旅游团前往黄山观光游览。在黄山游览中小刘讲解专业、服务到位，游客也十分高兴。

在游览中，游客小张没有注意，下台阶踩空了，重重地摔在了台阶上，摔伤了右腿，并且还不停流血。此时导游小刘该怎么处理？

这是旅游活动中常见的骨折。要正确处理骨折，就让我们开始任务的学习吧！

任务目标

1.理解骨折的概念。

2.能处理骨折事故。

3.能做好预防骨折事故的准备。

任务分析

1.骨折的概念

骨折，顾名思义，就是指骨头或骨头的结构完全或部分断裂。

2.骨折的症状

骨折一般表现为疼痛、压痛、局部肿胀、瘀斑，患者严重损伤时有发热、休克等骨折常见的并发症。一般骨折，伤者的软组织（皮下组织、肌肉、韧带等）损伤疼痛更剧烈，受伤部位肿胀瘀血明显。四肢骨折，可见受伤部位变形，活动明显受阻。若是开放性骨折，折断的骨骼会暴露在伤口处，而闭合性骨折，则皮肤表面无伤口。

3.骨折处理常识

3.1　判断骨折

首先要考虑伤者受伤的原因，如果是车祸伤、高处坠落伤等原因，一般骨折的可能性很大；其次要看一下伤者的情况，如伤肢出现反常的活动，肿痛明显，则骨折的可能性很大，如骨折端已外露，肯定已骨折；最后，在判断不清是否有骨折的情况下，应按骨折来处理。

3.2 止血

如出血量较大，应用手压在出血处的上端邻近的骨突或骨干上或用清洁的纱布、布片压迫止血，再以宽的布带缠绕固定，要适当用力但又不能过紧。不要用电线、铁丝等直径细的物品止血。如有止血带，可用止血带止血，若无止血带可用布带。上肢出血时，止血带应放在上臂的中上段，不可放在下 1/3 或肘窝处，以防损伤神经。下肢止血时，止血带宜放在大腿中段，不可放在大腿下 1/3、膝部或腿上段。上止血带时，要放置衬垫。上止血带的时间上肢不超过 1 小时，下肢不超过 1.5 小时。

3.3 包扎

对骨折伴有伤口的患者，应立即封闭伤口。最好用清洁、干净的布片、衣物覆盖伤口，再用布带包扎。包扎时，不宜过紧也不宜过松，过紧会导致伤肢缺血坏死，过松则起不到包扎作用，同时也起不到压迫止血的作用。如有骨折端外露，注意不要将骨折端放回原处，应继续保持外露，以免引起深度感染。

3.4 上夹板

尽可能保持伤肢固定位置，不要任意牵拉或搬运患者。固定的器材最好用夹板，如无夹板可就地取材用树枝、书本等固定。在没有合适器材的情况下，可利用自身固定，如上肢可固定在躯体上，下肢可利用对侧固定，手指可与邻指固定。

3.5 搬运伤员

单纯的颜面骨折、上肢骨折，在做好临时固定后可搀扶伤员离开现场。膝关节以下的下肢骨折，可背运伤员离开现场。颈椎骨折，可一人双手托住枕部、下颌部，维持颈部伤后位置，另两人分别托起腰背部、臀部及下肢移动。胸腰椎骨折，则需要一人托住头颈部，另两人分别于同侧托住胸腰段及臀部，另一人托住双下肢，维持脊柱伤后位置移动。髋部及大腿骨折，需要一人双手托住腰及臀部，伤员用双臂抱住救护者的肩背部，另一人双手托住伤员的双下肢移动。伤员在车上宜平卧，如遇昏迷患者，应将其头偏向一侧，以免呕吐物吸入气管，发生窒息。

4.骨折的预防

①坚持做些功能性体育活动，如每日坚持慢走等。这样可防止骨质疏松，减少骨折概率。

②多吃一些含钙丰富的物品。如牛奶、鱼类、豆制品、蛋类等，必要时可以补充药物钙剂。

③旅游中穿舒适的鞋子。要选择一双舒适、合脚、柔软的旅游鞋，不要贪美而穿皮鞋或高跟皮鞋，因为高跟鞋会增加足部疲劳，晚上回家时一定要用温醋水泡双足，可以缓解足部的疲劳，睡觉时可以抬高双足，有助促进血液循环。

④老年人，平时少锻炼的人，最好选择短途旅游，避免长途旅游，如一定要长途旅游，要选择1~2个地方自由活动，旅游时不要在崎岖不平的山路行走，一定要有适当的休息，并做足部按摩。

任务完成

1.学生理解骨折的概念及其症状。

2.把学生分成不同小组进行模拟练习，能知道并采取相关的应对措施。

3.学生能按照任务要求进行骨折处理。

任务拓展

1.发生骨折的主要原因

1.1 直接暴力

暴力直接作用于骨骼某一部位，往往使受伤部位发生骨折，常伴有不同程度软组织破坏，如车轮撞击小腿，于撞击处发生胫腓骨骨干骨折。

1.2 间接暴力

间接暴力作用是通过纵向传导，杠杆作用或扭转作用使远处发生骨折，如从高处跌下足部着地时，躯干因重力关系急剧向前屈曲，胸腰脊柱交界处椎体受折刀力的作用而发生压缩性骨折（传导作用）。

1.3 积累性劳损

长期、反复、轻微的直接或间接损伤可致使肢体某一特定部位骨折，如远距离行军易致第二、三跖骨及腓骨下1/3骨干骨折。

2.骨折的表现

2.1 全身表现

①休克：对于多发性骨折、骨盆骨折、股骨骨折、脊柱骨折及严重的开放性骨折，患者常因广泛的软组织损伤、大量出血、剧烈疼痛或并发内脏损伤等引起休克。

②发热：骨折处有大量内出血，血肿吸收时，体温略有升高，开放性骨折体温升高时，应考虑感染的可能。

2.2 局部表现

①畸形：骨折段移位可使患肢外形发生改变，主要表现为缩短。

②异常活动：正常情况下肢体不能活动的部位，骨折后出现不正常的活动。

③骨擦音或骨擦感：骨折后，两骨折端相互摩擦时，可产生骨擦音或骨擦感。

任务思考

1.案例分析：

5月1日，山西太原的刘先生与家人一同来青岛旅游，入住酒店后，刘先生下楼谈业务，69岁的母亲和孩子待在房间。不久，隔壁房间的客人发现有人不停敲打墙壁发出呼救。服务员开门发现刘先生的母亲徐老太痛苦地躺在地上。经询问，老人在浴室内摔倒受伤，服务员及时拨打了110、120求救。救护车将老人送到医院后，诊断为大腿骨折，需要手术治疗。

请问：发生骨折的现场要怎么处理？

2.什么是骨折？骨折有什么样的症状？

3.骨折的处理方法是什么？

任务评价

1.学生熟知骨折概念、预防和处理的理论知识。

2.将全班学生分成不同的小组，通过角色扮演，模拟骨折的发生、处理等，学生自评，小组之间互评，教师通过学生完成的任务情况进行评分。

3.综合评价表。

评分项目	学生自评	小组互评	教师评分
处理态度（20分）			
处理速度（20分）			
处理方法（20分）			
处理效果（20分）			
综合评价（20分）			
总　评			

任务四　食物中毒

任务描述

昆明某旅行社接待来自成都的商务考察团李先生一行19人，旅行社安排接待部小王随团接待。这天考察团队考察了昆明"古滇王国"项目后就到附近的餐厅用餐，中餐后在返回酒店的途中李先生感觉肚子不舒服、恶心、想吐，随后考察团其他成员也陆续出现这样的现象。面对这样的情况，小王不知所措。

请问：这是什么旅游中的什么事故？此刻，王先生该怎么处理？

这是旅游活动中常见的旅游事故——食物中毒。要正确处理此刻王先生面临的事故，就开始任务学习吧！

任务目标

1.理解食物中毒的概念。

2.能处理食物中毒事故。

3.能提前做好食物中毒的预防。

任务分析

1.食物中毒事故的概念

食物中毒是指由细菌性、化学性、真菌性和有毒动植物等引发的暴发性中毒，是食用了不利于人体健康的物品而导致的急性中毒性疾病，通常都是在不知情的情况下发生食物中毒。

2.食物中毒的特点

①潜伏期短，一般由几分钟到几小时，食入"有毒食物"后于短时间内几乎同时出现一批病人，来势凶猛，很快形成高峰，呈爆发趋势。

②病人临床表现相似，且多以急性胃肠道症状为主。

③发病与食入某种食物有关，患者在近期同一段时间内都食用过同一种"有毒食物"，发病范围与食物分布呈一致性，不食者不发病，停止食用该种食物后很快不再有新病例。

3.食物中毒事故的处理

一旦发现游客出现上吐下泻、腹痛等食物中毒症状，导游应立即让游客停止食用可疑食物，同时拨打120。在急救车到来之前，可采取以下自救措施。

①催吐。对中毒不久而无明显呕吐者，可以饮用500～800毫升温水，饮用后立即实行扣喉的催吐方法。催吐时要尽量避免逆行性呛咳，而且要尽量避免误吸，要尽量多催吐几次，使胃肠道内的呕吐物排出时尽量呈无色无味澄清状，以减少毒素的吸收。经过大量温水催吐后，呕吐物已变为较澄清液体时，可适量饮用牛奶以保护胃黏膜。如在呕吐物中发现血性液体，则可能出现了消化道或咽部出血，应暂时停止催吐。

②导泻。发生中毒后，如果游客进食时间已经超过2小时，但精神状态较好，此时可以选择导泻的方法，即服用泻药，促使受污染的食物尽快排出体外。泻药的种类和用量要根据患者的年龄不同而有所区别。

③保留食物样本。由于确定中毒物质对于治疗来说至关重要，因此，在发生食物中毒后，要保留导致中毒的食物样本，以提供给医院进行检测。如果身边没有食物样本，也可保留患者的呕吐物和排泄物，以方便医生确诊和救治。

④处理事故的同时也应及时将情况报告给旅行社，并追究餐厅的责任。

4.食物中毒的预防

①旅游接待人员（导游）要严格执行在旅游定点餐厅就餐的规定。

②旅游接待人员（导游）提醒旅游者不要在路边的小摊上购买食物；不要到没有正规资质的地方用餐；不要购买流动商贩的食物等。

③用餐时，若发现食物、饮料不卫生，或有异味变质的情况，旅游接待人员（导游）应立即要求餐厅更换，并要求餐厅负责人出面向游客道歉，必要时向旅行社领导汇报。

任务完成

1.学生理解食物中毒的概念及预防食物中毒的方法。

2.把学生分成不同的小组进行模拟练习，处理食物中毒事故，知道相关的应对措施。

3.学生能按照流程和任务要求进行食物中毒的处理。

任务拓展

1.食物中毒的分类

1.1　化学性食物中毒

化学性食物中毒主要包括：误食被有毒害的化学物质污染的食品；添加非食品级的或伪造的或禁止使用的食品添加剂、营养强化剂的食品，以及超量使用食品添加剂而导致的食物中毒；误食因贮藏等原因，造成营养素发生化学变化的食品等。

1.2　细菌性食物中毒

细菌性食物中毒是指人们摄入含有细菌或细菌毒素的食品而引起的食物中毒。引起食物中毒的原因有很多，其中最主要、最常见的原因就是食物被细菌污染。动物性食品是引起细菌性食物中毒的主要食品，其中肉类及熟肉制品居首位，其次有变质禽肉、病死畜肉以及鱼、奶、剩饭等。

1.3　真菌毒素中毒

真菌在谷物或其他食品中生长繁殖产生有毒的代谢产物，人和动物食入这种毒性物质发生的中毒，称为真菌性食物中毒。

1.4　动物性食物中毒

我国发生的动物性食物中毒主要是河豚中毒，吃过期或者腐烂的动物肉食等。

1.5　植物性食物中毒

最常见的植物性食物中毒为菜豆中毒、毒蘑菇中毒、木薯中毒；可引起死亡的有毒蘑菇、马铃薯、曼陀罗、银杏、苦杏仁、桐油等。

2.食物中毒的应急措施

2.1　迅速催吐

当发现食物中毒的第一时间，需要将体内所吃进去的食物立刻吐出来，防止有毒食物在肠胃当中继续消化。立即取食盐20克加开水200毫升溶化，冷却后一次喝下，如果不吐，可多喝几次，迅速促进呕吐。亦可用鲜生姜100克捣碎取汁用200毫升温水冲服。无法迅速催吐的，可以选择用筷子、手指等刺激喉咙催吐。

2.2 尽快导泻

如果病人服用食物时间较长，一般已超过2~3小时，可选择用导泻的方法来进行缓解，可以服用些泻药，促使中毒食物尽快排出体外。

2.3 及时解毒

如果是吃了变质的鱼、虾、蟹等引起的食物中毒，可取食醋100毫升，加水200毫升，稀释后一次服下。若是误食了变质的饮料或防腐剂，最好的急救方法是用鲜牛奶或其他含蛋白的饮料灌服，病情严重的需要去医院进行洗胃处理。

3.法律规定

《中华人民共和国食品安全法》第七十一条规定："发生食品安全事故的单位应当立即予以处置，防止事故扩大。事故发生单位和接收病人进行治疗的单位应当及时向事故发生地县级卫生行政部门报告。"

任务思考

1.案例分析：

北京某旅行社接待了一个来自上海一行22人的旅游团，第二天下午在行车过程中，旅行团中的李先生突然对导游小刘说他身体不适，接着又有几个游客说不舒服，而且表现的症状极为相似，导游小刘细问才知道原来这几名游客上午游览时都吃过李先生从小贩处购买的油炸食品，此时导游小朱应如何处理？

2.什么是食物中毒？食物中毒有什么样的特点？

3.食物中毒的处理方法是什么？

4.旅游从业人员（导游）如何预防食物中毒？

任务评价

1.学生熟知食物中毒的概念、预防等理论知识。

2.将全班学生分成不同的小组，通过角色扮演，模拟食物中毒事故发生、处理等，学生自评，小组之间互评，教师通过学生完成的任务情况进行评分。

3.综合评价表。

评分项目	学生自评	小组互评	教师评分
处理态度（20分）			
处理速度（20分）			
处理方法（20分）			
处理效果（20分）			
综合评价（20分）			
总　评			

任务五　小动物咬伤

任务描述

来自上海的王先生一行到湖南旅游，根据行程安排第二天游览张家界，大家兴致勃勃地在步行游览中，突然，王先生大声叫："我被马蜂蜇了！"

导游小李赶快过去看，王先生的手背被马蜂蜇了，而且还肿得好高，看到这样的情况小李也吓到了，不知道该怎么办才好？

请问：此刻，如果你是导游小李，你该怎么处理？

要正确处理此刻李女士的问题，就开始任务学习吧！

任务目标

1. 理解动物咬伤的相关概念。

2. 能处理小动物咬伤的后果。

3. 能提前做好小动物咬伤的预防。

4. 能现场处理小动物咬伤。

任务分析

1. 动物咬伤的概念

1.1　蜂蜇伤

蜂蜇伤是蜜蜂、黄蜂、大黄蜂或土蜂的尾刺，蜇入人体皮肤时释放出了毒汁，且毒刺常留于皮内引起的局部和全身反应。

1.2　蛇咬伤

蛇咬伤是指被蛇牙咬入了肉，特别是指被通过蛇牙或在蛇牙附近分泌毒液的蛇咬入后所造成的一个伤口。被无毒的蛇咬了以后，就像治疗一个针眼大小的伤口一样。而被毒蛇咬伤，可能很严重，有可能致死。

2.动物咬伤的症状

2.1　蜂蜇伤症状

被蜂蜇伤，一般表示局部的红肿和疼痛，数小时后症状自行消失。如果蜂刺留在伤口内会出现化脓状况。如果被蜂群蜇伤，会出现全身症状，伴随头晕、恶心、呕吐，甚至可出现休克、昏迷或迅速死亡；有的可发生血红蛋白尿，以至急性肾衰。过敏病人，即使是单一蜂蜇伤也可发生荨麻疹、水肿、哮喘或过敏性休克。

2.2　蛇咬伤的症状

2.2.1　神经毒表现

一般红肿不重，流血不多，疼痛较轻，不久后出现麻木感并向肢体近端蔓延。全身症状30分钟至2小时后出现，有时延长10余小时。表现为头晕、恶心、呕吐、乏力、步态不稳、眼睑下垂。重者视力模糊、言语不清、呼吸困难、紫绀，以至全身瘫痪、惊厥、昏迷、血压下降、呼吸麻痹、心力衰竭。

2.2.2　血液毒表现

局部症状出现早且重，伤处剧烈疼痛如刀割，出血不止，肿胀明显，并迅速向近端扩散。皮肤紫绀，出水疱血疱并逐渐增大以至破溃。有明显淋巴管炎。重者组织坏死。也会出现出血、溶血，甚至肾衰、心衰，全身症状有全身不适、头晕、恶心、呕吐、腹痛、腹泻、关节痛、心悸、高热谵妄。

2.2.3　混合毒表现

具有神经毒和血液毒表现。全身症状发展较快，死亡主要原因为神经毒。

3.动物咬伤的现场处理

3.1　被蝎、蜂蜇伤的处理

①先冷静，安慰游客。

②必须用消毒针将叮在肉内的断刺剔出，然后用力掐住被蜇伤的部分，或嘴反复吸吮，以吸出毒汁。

③如果身边暂时没有药物，可用肥皂水充分清洗患处。

④条件许可时用5%苏打水或3%的淡氨水冲洗伤口，并服用止痛药。

⑤严重者马上送医院，同时向旅行社报告。

3.2　被蛇咬伤

①先冷静，安慰游客，不能慌张，千万不要走动。被蛇咬伤后，如果跑动或有其他剧烈动作，则血液循环加快，毒素在身体里也同时加快循环。

②给伤者包扎伤口。导游应该马上用绳、布带或其他植物纤维在伤口上方超过一个关节处结扎。动作必须快捷，不能结扎得过紧，阻断静脉回流即可，而且每隔15分钟要放松一次，以免组织坏死。然后用手挤压伤口周围，将毒液挤出，等伤口经过清洗、排毒，再经过内服外用有效药物半小时后，方可去除包扎。

③帮助伤者冲洗伤口。用清水冲洗伤口的毒液，以减少吸附。有条件的话用高锰酸钾溶液冲洗伤口，这样效果更好。

④扩大伤口排毒。用小刀按毒牙痕的方向切纵横各1厘米的十字形口，切开至皮下即可，再设法把毒素吸出或挤出。一直到流出或吸出的血为鲜红色为止，或者局部皮肤由紫绀变成正常为止。在不切开伤口的前提下，可努力破坏蛇毒，使其失去毒性。

⑤用凉水浸祛毒素。帮助伤者将伤口置于流动的水或井水中，同时清洗伤口。

⑥进行初步处理后，应及时送伤者去医院治疗。

4.旅游中动物咬伤的预防

旅游中主要是预防户外动物咬伤，野外活动，尤其是在丛林或草地上行走，最好穿长裤和旅游鞋，并扎紧裤脚。无论在什么情况下都不要主动去激怒动物，不要捅马蜂窝，捉蝎子、蚂蚁。野外行走可用竹棍、木棒等探路，利用打草惊蛇的原理，可有效地躲避毒蛇的攻击。

任务完成

1.学生理解小动物咬伤的症状。

2.把学生分成不同小组进行模拟练习，能知道并采取相关的应对措施。

3.学生能按照任务要求进行蛇咬伤的处理。

任务拓展

1.蜂蜇伤的后果

蜂蜇后局部很快出现烧灼感及痒痛感，并迅速肿大，约半小时全身出现风团、红斑、血管性水肿，严重时可出现水疱、大疱。若多处同时被蜇，皮肤可出现弥漫性水肿，偶可发生过敏性休克。部分患者可伴有头痛、恶心、呕吐、烦躁不安、发热等全身症状，重症者可出现抽搐、昏迷、肺水肿、心脏及呼吸肌麻痹等导致死亡。

2.蝎蜇伤的后果

蝎蜇伤是蝎体内的毒汁注入人体引起皮肤和全身中毒反应。被蝎蜇后患者局部立即感到剧痛，继而皮肤潮红、肿胀或出现水疱，偶可造成组织坏死，附近淋巴结肿大，可有全身中毒症状，治疗或抢救不及时者，可导致死亡。

3.蛇的种类

我国蛇类有160余种，其中，毒蛇约有50种，有剧毒、危害巨大的有10种，如大眼镜蛇、金环蛇、眼镜蛇、五步蛇、银环蛇等，咬伤后能致人死亡。毒蛇的头多呈三角形，颈部较细，尾部短粗，色斑较艳，咬人时嘴张得很大，牙齿较长。毒蛇咬伤部常留两排深而粗的牙痕。无法判定是否被毒蛇蜇伤时，按毒蛇咬伤急救。

任务思考

1.案例分析

7月，导游小张带游客在西双版纳野象谷游玩，大家正玩得高兴时，游客李先生突然大声叫起来："我被蛇咬了！"导游小张快速赶来按照以前学的急救知识进行急救，同时迅速送医院，医生就诊后说"还好做了急救处理，否则可能危及生命"。旅游结束后，小张接到了李先生寄来的表扬信，旅行社也要求其他导游向他学习，小张哪些地方值得大家学习呢？

2.被蜂蜇伤、蛇咬伤有什么样的症状？

3.被蜂蜇伤、蛇咬伤一般处理方法是什么？

4.旅游中如何预防被小动物咬伤？

任务评价

1.学生了解被蝎、蜂蜇伤，蛇咬伤的急救方法。

2.了解一些蝎、蜂、蛇的一些相关知识。

3.将学生分成不同的小组进行被蝎、蜂蜇伤和蛇咬伤后的急救练习，相互评价被蝎、蜂蜇伤和蛇咬伤事故处理的完成情况。

4.综合评价表。

评分项目	学生自评	小组互评	教师评分
处理态度（20分）			
处理速度（20分）			
处理方法（20分）			
处理效果（20分）			
综合评价（20分）			
总 评			

项目六 旅游自然灾害

项目引言

　　自然灾害形成的过程有长有短，有缓有急。有些自然灾害，当致灾因素的变化超过一定强度时，就会在几天、几小时甚至几分钟、几秒钟内表现为灾害行为，如地震、洪水等，这类灾害称为突发性自然灾害。旅游中如果遇到自然灾害，需要第一时间做出正确的判断和决定，这就对旅游从业人员的专业素质有一定的要求。

任务一　地　震

任务描述

　　2017年8月8日，导游小王带领一旅游团在九寨沟旅游，晚上旅游团正在观看"九寨千古情"，21时19分46秒，突然一阵强烈的晃动，剧场的保安冲进剧场，大喊赶快撤离到空旷的地方，沉浸在剧场中的观众才知道外面发生了大地震，大家迅速撤离。剧场外面已经碎石成堆，水管爆炸，游客的哭声、喊声一片……面对突然的地震，导游和工作人员通过各种途径积极展开救援。

　　四川省北部阿坝州九寨沟县发生7.0级地震，震中地处于九寨沟核心景区西部5千米处比芒村。截至2017年8月13日20时，地震造成25人死亡，525人受伤，6人失联，176 492人（含游客）受灾，73 671间房屋不同程度受损（其中倒塌76间）。

　　（案例来自网络。）

　　请问：此刻，导游小王在现场，该怎么处理？

　　这是旅游自然灾害——地震。要正确处理此刻导游小王面临的事故，就开始任务学习吧！

任务目标

1.知道地震的概念。

2.知道地震的后果。

3.能理解旅游自然灾害的概念。

4.能处理地震事故。

5.能够做好预防地震的准备。

任务分析

1.地震的概念

地震，又称地动、地振动，是地壳快速释放能量过程中造成的振动，其间会产生地震波的一种自然现象。

地震开始发生的地点称为震源，震源正上方的地面称为震中。破坏性地震的地面振动最烈处称为极震区，极震区往往也就是震中所在的地区。地震常常造成人员严重伤亡，引起火灾、水灾、有毒气体泄漏、细菌及放射性物质扩散，还可能造成海啸、滑坡、崩塌、地裂缝等次生灾害。

据统计，地球上每年约发生500万次地震，即每天要发生上万次的地震。其中绝大多数太小或太远，以至于人们感觉不到；真正能对人类造成严重危害的地震大约有十几次；能造成特别严重灾害的地震大约有一两次。人们感觉不到的地震，必须用地震仪才能记录下来；不同类型的地震仪能记录不同强度、不同远近的地震。世界上运转着数以千计的各种地震仪器，日夜监测着地震的动向。

当前的科技水平尚无法预测地震的到来，未来相当长的一段时间内，地震也是无法预测的。所谓成功预测地震的例子，基本都是巧合。对于地震，我们更应该做的是提高建筑抗震等级、做好防御，而不是预测地震。

2.地震的原因

地球上板块与板块之间相互挤压碰撞，造成板块边沿及板块内部产生错动和破裂，是引起地震的主要原因。

3.地震的特点

地震具有范围广、突发性、破坏性强等特征，是影响、破坏旅游活动的最可怕的自然灾害之一。

4.旅游时遭遇地震的处理

①如果在楼房内遇到地震，千万不可在慌乱中跳楼。可躲避在坚实的家具下或墙角处，也可转移到承重墙较多、开间小的厨房、厕所去暂时躲避一下。因为这些地方结合力强，尤其是管道经过处理，具有较好的支撑力，抗震系数较大。厨房和厕所有食物和水源，可以帮助受灾人员多支撑一些时间。

②如果在街上行走时发生地震，高层建筑物的玻璃碎片和大楼外侧混凝土碎块、广告招牌、铁板、霓虹灯架等可能掉下伤人，因此在街上走时最好将身边的皮包或柔软的物品顶在头上，无物品时也可用手护在头上。应该迅速离开电线杆和围墙，跑向比较开阔的地方。

③旅行时在行驶的车辆中遇到地震，司机应尽快减速，逐步刹车。而乘客（特别是在火车上）应牢牢抓住拉手、柱子或座席等，并注意防止行李从架子上掉落伤人。面朝行车方向的人要将胳膊靠在前座席的椅垫上，护住面部，身体倾向通道，两手护住头部；背朝行车方向的人，要两手护住后脑部，并抬膝护腹，紧缩身体，做好防御姿势。

④在大商场遇到地震时，由于人员慌乱，商品下落，可能使避难通道阻塞。此时应躲在近处的大柱子和大商品旁边，或朝着没有障碍的通道躲避，然后屈身蹲下，等待地震平息。处于楼上位置，原则上向底层转移为好。但楼梯往往是建筑物抗震的薄弱部位，因此要看准脱险的合适时机。

5.地震的处理

5.1 现场自救

①地震发生后，在室内，要选择易形成三角空间的地方躲避，可躲到内墙角或管道多、整体性好的卫生间、储藏室和厨房等地点。不要躲到外墙窗下、电梯间，更不要跳楼。

②在公共场馆里，应迅速就近蹲下、掩护、抓牢或就近躲在柱子、大型物体旁，身处门口时可迅速跑出门外至空旷地；在楼上时，要找准机会逐步向底层转移。

③在室外，要尽量远离狭窄街道、高大建筑、高烟囱、变压器、玻璃幕墙建筑、高架

桥以及存有危险品、易燃品的场所。

④在行驶的汽车、电车或火车内，乘客应抓牢扶手避免摔倒，降低重心，躲在座位附近，不要跳车，地震过后再下车。

⑤用湿毛巾、衣物或其他布料捂住口、鼻和头部，防止灰尘呛闷发生窒息。

⑥寻找和开辟通道，朝着有光亮、宽敞的地方移动，不要乘电梯逃生。

⑦一时无法脱险，要节省体力，静卧保持体力；不要盲目大声呼救；多活动手脚，清除脸上的灰土和压在身上的物件。

⑧无论在何处躲避，如有可能应尽量用棉被、枕头、书包或其他软物体保护好头部。

5.2 受灾者的自救

地震时被压在废墟下、神志还清醒的幸存者，最重要的是不能在精神上崩溃，而应争取创造条件脱离险境或保存体力等待救援。例如，若能挣脱开手脚，应立即捂住口鼻，以隔挡呛人的灰尘，避免窒息；设法保存体力，不要乱喊，听到外面有人时再呼救；若能找到水和食物，要计划使用，尽可能长地维持体力。

6.地震的预防

①注意收听有关信息播报。导游人员带团到地震多发区时，要留意当地的地震预报信息，以提前告知旅游者做好相关的心理和行动准备。

②应向游客介绍饭店、剧场等旅游团常到场所的防震标志、安全疏散通道以及简单的避震措施。

③导游人员要了解一些地震即将发生前的常见异常现象。

④带团到地震多发区时可将地震的逃生知识融会到日常讲解中，使旅游者掌握遭遇地震时的自我保护及救生方法。

任务完成

1.学生理解地震的概念及其预防。

2.把学生分成不同的小组进行模拟练习，处理地震事故，知道相关的应对措施。

3.学生能按照流程和任务要求进行对地震的处理。

任务拓展

1.地震常见的求助方法

1.1　手机求救

①导游员可在发生灾害时，尽快用手机报警请求救助。

②如果野外信号弱，导游员应到开阔、信号较好的地方。

③导游员应该注意节省手机电量。

1.2　烟火信号

①白天时，可在火堆上添加一些青嫩树叶、苔藓、蕨类植物等，使火堆产生浓烟。

②夜晚时，点燃三堆较大的火堆，摆成彼此间隔15米的等边三角形。

注：在使用烟火信号时要避免引起火灾。

1.3　声、光信号

①国际统一的求救信号：1分钟发出6次哨音（或挥舞6次，火光闪耀6次），然后安静1分钟，再重复。

②利用镜子反射太阳光传播信息；如果没镜子，导游人员可以就地取材用易拉罐或者其他金属片代替，慢慢摇动信号镜，发出断断续续的光，最好按国际爬山求救信号来操作：每分钟闪动6次，停顿1分钟，然后重复发出信号。

2.SOS标志

①"SOS"是国际通用的船舶和无线电呼救信号，即三短三长三短，不断地循环。

②导游员可用树枝、石块或衣物等在比较明显的山坡或空地上摆放出尽可能大的"SOS"求救字样，并在求救字样的显著位置插红色或其他颜色鲜艳的标志物。

3.自然灾害的概念

自然灾害是指凡是危害人类生命财产和生存条件的各类事件。

在旅游活动中，常见的自然灾害主要包括洪水、台风、暴雨等气象灾害；风暴潮、海啸等海洋灾害；山体滑坡、地震、泥石流等地质灾害。

4.自然灾害处理的一般处理程序

①立即向地接社、组团社以及当地旅游行政管理部门报告情况，积极争取有关部门的联合救援。

②做好旅游者及其家属的安抚工作并努力配合地接社做好安全救援工作和善后处理工作。

③及时将旅游者的意见和建议反馈给旅行社并将旅行社的处理意见真实、明确地转告给每位旅游者。

④事后要写出详细的事故报告。

5.地震类型

5.1　根据发生的位置分类

①板缘地震（板块边界地震）。发生在板块边界上的地震，环太平洋地震带上绝大多数地震属于此类。

②板内地震。发生在板块内部的地震，如欧亚大陆内部(包括中国)的地震多属此类。板内地震除与板块运动有关，还受局部地质环境的影响，其地震的原因与规律比板缘地震更复杂。

③火山地震。由火山爆发时所引起的能量冲击，产生的地壳震动。

5.2　按地震形成的原因分类

①构造地震。由于岩层断裂，发生变位错动，在地质构造上发生巨大变化而产生的地震，因此叫作构造地震，也叫断裂地震。

②火山地震。由火山爆发时所引起的能量冲击，而产生的地壳振动。火山地震有时也相当强烈。但这种地震所波及的地区通常只限于火山附近的几十千米远的范围内，而且发生次数也较少，只占地震次数的7%左右，所造成的危害较轻。

③陷落地震。由于地层陷落引起的地震。这种地震发生的次数更少，只占地震总次数的3%左右，震级很小，影响范围有限，破坏也较小。

④诱发地震。在特定的地区因某种地壳外界因素诱发（如陨石坠落、水库蓄水、深井注水）而引起的地震。

⑤人工地震。地下核爆炸、炸药爆破等人为引起的地面振动称为人工地震。人工地震是由人为活动引起的地震。如工业爆破、地下核爆炸造成的振动；在深井中进行高压注水以及大水库蓄水后增加了地壳的压力，有时也会诱发地震。

5.3　按震级大小分类

①弱震，震级小于3级的地震。

②有感地震，震级等于或大于3级、小于或等于4.5级的地震。

③中强震，震级大于4.5级，小于6级的地震。

④强震，震级等于或大于6级的地震，其中震级大于或等于8级的巨大地震。

任务思考

1.什么是地震？

2.地震的预防措施有哪些？

3.地震的处理办法有哪些？

4.案例分析：

①导游小李接到了北京一旅游团前往大理丽江，上车后，她向游客讲了行程，看到新闻，大理发生3.5级地震，昆明有震感，此时小李该怎么办？

②某旅行社导游小张5月5日接到来自上海游客一行25人在古镇旅游，17时许，旅游团正在古镇游览，突然大地震颤。带团的小王是位刚刚毕业的大学生，从未见过这种场面惊慌失措大叫："快跑！"全陪是位有丰富经验的导游就，他镇定地高喊："大家不要乱跑，快到街中心来，这里没有建筑物，安全。"他一面把老人、孩子往人堆中推，一面让大家保护好头部。几秒钟后，古镇到处断墙残壁，周围一片漆黑。两位导游人员密切配合，一前一后带着旅游团在初震后几分钟内冲出险区，进入安全地带。老人孩子被刚刚的经历吓得脸色苍白，也有客人在不停地抱怨。接下来，小张该怎么做呢？

任务评价

1.学生熟知地震的概念预防等理论知识。

2.将全班学生分成不同的小组，通过角色扮演，模拟地震事故发生、处理等，学生自评，小组之间互评，教师通过学生完成的任务情况进行评分。

3.综合评价表。

评分项目	学生自评	小组互评	教师评分
处理态度（20分）			
处理速度（20分）			
处理方法（20分）			
处理效果（20分）			
综合评价（20分）			
总　评			

任务二 泥石流

任务描述

昆明某旅行社导游小王接待来自杭州的游客一行20人在云南旅游，因云南连续连绵阴雨和大雨，当旅游大巴行驶至香格里拉途中遇前方泥石流、山体滑坡多发地区，导游人员小王也没有提前注意天气预报，让师傅把车停在路边，现场与旅行社和旅游者商量，临时对行程作出更改，客人抱怨不断。

请问，小王哪些地方做得不好呢？接下来该怎么做呢？

这是旅游活动中的自然灾害——泥石流。要正确处理此刻导游小王面临的事故，就开始任务学习吧！

任务目标

1.理解泥石流的概念。

2.知道泥石流的原因和后果。

3.能处理旅游过程中泥石流事故。

4.能提前做好预防泥石流、山体滑坡的准备。

任务分析

1.泥石流的概念

泥石流是指在山区或者其他沟谷深壑，地形险峻的地区，因为暴雨、暴雪或其他自然灾害引发的山体滑坡并携带有大量泥沙以及石块的特殊洪流。泥石流具有突然性、流速快、流量大、物质容量大和破坏力强等特点。发生泥石流常常会冲毁公路铁路等交通设施甚至村镇等。泥石流发生频繁、破坏性大，对当地居民和旅游业具有很大影响。

泥石流是暴雨、洪水将含有沙石且松软的土质山体经饱和稀释后形成的洪流，它的面积、体积和流量都较大，而滑坡是经稀释土质山体小面积的区域，典型的泥石流由悬浮着粗大固体碎屑物并富含粉砂及黏土的黏稠泥浆组成。在适当的地形条件下，大量的水体浸透流水、山坡中的固体堆积物质，使其稳定性降低，饱含水分的固体堆积物质在自身重力作用下发生运动，就形成了泥石流。泥石流是一种灾害性的地质现象。通常泥石流爆发突然、来势凶猛，可携带巨大的石块。因其高速前进，具有强大的能量，因而破坏性极大。

泥石流流动的全过程一般只有几个小时，短的只有几分钟，是一种广泛分布于世界各国，具有特殊地形、地貌状况地区的自然灾害。这是山区沟谷或山地坡面上，由暴雨、冰雪融化等水源激发的、含有大量泥沙石块的介于挟沙水流和滑坡之间的土、水、气混合流。泥石流大多伴随山区洪水而发生。

2.泥石流的形成的条件

2.1　地形地貌条件

在地形上山高沟深，地形陡峻，沟床纵度降大，流域形状便于水流汇集。在地貌上，泥石流的地貌一般可分为形成区、流通区和堆积区三部分。上游形成区的地形多为三面环山，一面出口为瓢状或漏斗状，地形比较开阔、周围山高坡陡、山体破碎、植被生长不良，这样的地形有利于水和碎屑物质的集中；中游流通区的地形多为狭窄陡深的峡谷，谷床纵坡降大，使泥石流能迅猛直泻；下游堆积区的地形为开阔平坦的山前平原或河谷阶地，使堆积物有堆积场所。

2.2　松散物质来源条件

泥石流常发生于地质构造复杂、断裂褶皱发育，新构造活动强烈，地震烈度较高的地区。地表岩石破碎，崩塌、错落、滑坡等不良地质现象发育，为泥石流的形成提供了丰富的固体物质来源。另外，岩层结构松散、软弱、易于风化、节理发育或软硬相间成层的地区，因易受破坏，也能为泥石流提供丰富的碎屑物来源。一些人类工程活动，如滥伐森林造成水土流失，开山采矿、采石弃渣等，往往也为泥石流提供大量的物质来源。

2.3　水源条件

水既是泥石流的重要组成部分，又是泥石流的激发条件和搬运介质(动力来源)，泥石流的水源，有暴雨、水雪融水和水库溃决水体等形式。我国泥石流的水源主要是暴雨、长时间的连续降雨等。

3.泥石流的现场处理

①泥石流发生时，不能在低沟停留，应迅速引导游客抛掉重物，向山坡高地撤离。抛开一切重物体，跑得越快越好，爬得越高越好。

②逃离方向要与泥石流的流向垂直，即向两侧高处撤离。

③到了安全地带，游客应集中在一起，等待救援。

4.泥石流的安全防范

①在雨季或下雨时，导游不要带领游客在山谷水流汇集处活动，或者尽量避开危险的山谷。

②在山地活动或游览时，如果遇到大雨，导游人员必须让大家选择山脊或者有许多树木的山坡上通过，千万不能走两山之间的低谷。

③不要躲在有滚石和大量堆积物的山坡下面。

④不要停留在低洼处，也不要攀爬到树上躲避。应选择平整的高地作为营地，不要在山谷和山沟底部扎营。

⑤提前关注天气预报，及时做好行程调整和应对。

任务完成

1.学生理解泥石流的概念及预防泥石流的方法。

2.把学生分成不同的小组进行模拟练习，处理泥石流事故，知道相关的应对措施。

3.学生能按照流程和任务要求进行泥石流的处理。

任务拓展

1.泥石流发生发生不规律

1.1　季节性

泥石流的暴发主要是受连续降雨、暴雨，尤其是特大暴雨集中降雨的激发。因此，泥石流发生的时间规律是与集中降雨时间规律相一致，具有明显的季节性。一般发生在多雨的夏秋季节。因集中降雨的时间的差异而有所不同。

四川、云南等西南地区的降雨多集中在6—9月，因此，西南地区的泥石流多发生在6—9月；而西北地区降雨多集中在6、7、8三个月，尤其是7、8两个月降雨集中，暴雨强度大，因此西北地区的泥石流多发生在7、8两个月。

1.2　周期性

泥石流的发生受暴雨、洪水的影响，而暴雨、洪水总是周期性地出现。因此，泥石流的发生和发展也具有一定的周期性，且其活动周期与暴雨、洪水的活动周期大体相一致。当暴雨、洪水两者的活动周期与季节性相叠加，常常形成泥石流活动的一个高潮。

2.泥石流到来前的预兆

①河水异常。如果河（沟）床中正常流水突然断流或洪水突然增大，并夹有较多的柴草、树木时，说明河（沟）上游已形成泥石流。

②山体异常。山体出现很多白色水流，山坡变形、鼓包、裂缝，甚至坡上物体出现倾斜。

③异常声响。如果在山上听到沙沙声音，但是却找不到声音的来源，这可能是沙石的松动、流动发出的声音，是泥石流即将发生的征兆。如果山沟或深谷发出轰鸣声音或有轻微的震动感，说明泥石流正在形成，必须迅速离开危险地段。

④其他异常情况。干旱很久的土地开始积水，道路出现龟裂，公共电话亭、树木、篱笆等突然倾斜，雨下个不停，或是雨刚停下来溪水水位却急速下降等。

任务思考

1.什么叫作泥石流？

2.泥石流的预防措施有哪些？

3.泥石流的处理办法有哪些？

4.案例分析：

四川贡嘎山景区连续下雨半个月，导游小杨接到了旅游团要到贡嘎山游览。上车后，她向游客讲解了行程，同时还应该介绍哪些泥石流的相关预防措施？

任务评价

1.学生熟知了泥石流的概念预防等理论知识。

2.将全班学生分成不同的小组，通过角色扮演，模拟泥石流事故发生、处理等，学生自评，小组之间互评，教师通过学生完成的任务情况进行评分。

3.综合评价表。

评分项目	学生自评	小组互评	教师评分
处理态度（20分）			
处理速度（20分）			
处理方法（20分）			
处理效果（20分）			
综合评价（20分）			
总　评			

任务三 山体滑坡

任务描述

7月，贵阳某旅行社导游小刘接待来自南京的游客一行25人的旅游团，早餐后前往花果树瀑布游览，因这几天连续连绵阴雨和大雨，正在游览中突然山体滑坡，导游人员小刘赶快和游客一起进行现场自救。

请问，导游小王该怎么处理？

这是旅游活动中的自然灾害——山体滑坡。要正确处理此刻导游小刘面临的事故，就开始任务学习吧！

任务目标

1. 理解山体滑坡的概念。

2. 知道山体滑坡的原因和后果。

3. 能处理旅游过程中的山体滑坡事故。

4. 能提前做好山体滑坡的预防。

任务分析

1. 山体滑坡的概念

山体滑坡是指山体斜坡上某一部分岩土在重力（包括岩土本身重力及地下水的动静压力）作用下，沿着一定的软弱结构面(带)产生剪切位移而整体向斜坡下方移动的作用和现象，俗称"走山""垮山""地滑""土溜"等，是常见地质灾害之一。

2. 山体滑坡的原因

滑坡的活动时间主要与诱发滑坡的各种外界因素有关，如地震、降温、冻融、海啸、风暴潮及人类活动等。山体滑坡不仅造成一定范围内的人员伤亡、财产损失，还会对附近道路交通造成严重威胁。

3. 山体滑坡的处理

①冷静。当处在滑坡体上时，应保持冷静，不能慌乱；慌乱不仅浪费时间，而且极可

能做出错误的决定。

②要迅速环顾四周，向较为安全的地段撤离。一般除高速滑坡外，只要行动迅速，都有可能逃离危险区段。撤离时，以向两侧跑为最佳方向。在向下滑动的山坡中，向上或向下跑均是很危险的。当遇到无法跑离的高速滑坡时，更不能慌乱，在一定条件下，如滑坡呈整体滑动时，原地不动，或抱住大树等物，不失为一种有效的自救措施。

③对于尚未滑动的滑坡危险区，一旦发现可疑的滑坡活动时，应立即报告邻近的村、乡、县等有关政府或单位。并立即组织有关政府、单位、部队、专家及当地群众参加抢险救灾活动。

④滑坡时，极易造成人员受伤，受伤时应呼叫120。120是全国统一的急救中心的电话号码。凡遇到重大灾害事件、意外伤害事故、严重创伤、急性中毒、突发急症时，在对伤员或病人实施必需的现场救护的同时，应立即派人呼叫120，寻求急救中心的援助。

4.旅游中遇到山体滑坡组织自救

①遭遇山体滑坡时，导游要沉着冷静，不要慌乱。然后采取必要措施迅速撤离到安全地点。避灾场地应选择在易滑坡两侧边界外围。

②遇到山体崩滑时，要朝垂直于滚石前进的方向跑。在确保安全的情况下，带领游客离原居住处越近越好，交通、水、电越方便越好。切忌在逃离时朝着滑坡方向跑。

③千万不要将避灾场地选择在滑坡的上坡或下坡。也不要未经全面考察，从一个危险区跑到另一个危险区。同时要听从统一安排，不要自择路线。

④无法继续逃离时，应迅速抱住身边的树木等固定物体。可躲避在结实的障碍物下，或蹲在地坎、地沟里。应注意保护好头部，可利用身边的衣物裹住头部。

任务完成

1.学生理解泥石流的概念及预防泥石流的方法。

2.把学生分成不同的小组进行模拟练习，处理泥石流事故，知道了相关的应对措施。

3.学生能按照流程和任务要求进行泥石流的处理。

任务拓展

1.山体滑坡的规律

①同时性。有些滑坡受诱发因素的作用后，立即活动。如强烈地震、暴雨、海啸、风暴潮等发生时和不合理的人类活动，如开挖、爆破等，都会有大量的滑坡出现。

②滞后性。有些滑坡发生时间稍晚于诱发作用因素的时间，如降雨、融雪、海啸、风暴潮及人类活动之后。这种滞后性规律在降雨诱发型滑坡中表现最为明显，该类滑坡多发生在暴雨、大雨和长时间的连续降雨之后，滞后时间的长短与滑坡体的岩性、结构及降雨量的大小有关。一般讲，滑坡体越松散、裂隙越发育、降雨量越大，则滞后时间越短。此外，人工开挖坡脚之后，堆载及水库蓄、泄水之后发生的滑坡也属于这类。由人为活动因素诱发的滑坡的滞后时间的长短与人类活动的强度大小及滑坡原先的稳定程度有关。人类活动强度越大、滑坡体的稳定程度越低，则滞后时间越短。

2.山体滑坡的前兆

①大滑动之前。在滑坡前缘坡脚处，有堵塞多年的泉水复活现象，或者出现泉水突然干枯，井水位突变等类似的异常现象。

②在滑坡体中。前部出现横向及纵向放射状裂缝，它反映了滑坡体向前推挤并受到阻碍，已进入临滑状态。

③大滑动之前。滑坡体前缘坡脚处，土体出现上隆现象，这是滑坡明显的向前推挤现象。有岩石开裂或被剪切挤压的影响。这种现象反映了深部变形与破裂。动物对此十分敏感，有异常反应。

④临滑之前。滑坡体四周岩体会出现小型崩塌和松弛现象。如果在滑坡体有长期位移观测资料，那么大滑动之前，无论是水平位移量或垂直位移量，均会出现加速变化的趋势。这是临滑的明显迹象。滑坡后缘的裂缝急剧扩展，并从裂缝中冒出热气或冷风。临滑之前，在滑坡体范围内的动物惊恐异常，植物变态。如猪、狗、牛惊恐不宁，不入睡，老鼠乱窜不进洞等。

3.防汛自救知识

①避难所一般应选择在距家最近、地势较高、交通较为方便及卫生条件较好的地方。在城市中大多是高层建筑的平坦楼顶，地势较高或有牢固楼房的学校、医院等。

②将衣被等御寒物放至高处保存；将不便携带的贵重物品做防水捆扎后埋入地下或置放高处，票款、首饰等物品可缝在衣物中。

③扎制木排，并搜集木盆、木块等漂浮材料加工为救生设备以备急需；洪水到来时难以找到适合的饮用水，所以在洪水来之前可用木盆、水桶等盛水工具贮备干净的饮用水。

④准备好医药、取火等物品；保存好各种尚能使用的通信设施，可与外界保持良好的通信、交通联系。

⑤受到洪水威胁，如果时间充裕，应按照预定路线，有组织地向山坡、高地等处转移；

在措手不及，已经受到洪水包围的情况下，要尽可能利用船只、木排、门板、木床等，做水上转移。洪水来得太快，已经来不及转移时，要立即爬上屋顶、楼房高屋、大树、高墙，做暂时避险，等待援救。

⑥暴发山洪，应该注意避免过河，以防止被山洪冲走，还要注意防止山体滑坡、滚石、泥石流的伤害。

⑦发现高压线铁塔倾倒、电线低垂或断折，要远离避险，不可触摸或接近，防止触电。

⑧洪水过后，要服用预防流行病的药物，做好卫生防疫工作，避免发生传染病。

⑨地处河堤决口、危房等风险地带的人群应尽快撤离现场，迅速转移到高坡地带或高层建筑物的楼顶上。

⑩对于家中的财产，不要斤斤计较，更不能只顾家产而忘记生命安全。在离开住处时，最好把房门关好，这样待洪水退后，家产尚能物归原主，不会随水漂流掉。

任务思考

1.什么叫作山体滑坡？

2.体滑坡的预防措施有哪些？

3.山体滑坡的处理办法有哪些？

4.案例分析：

2023年3月17日，来自湖南醴陵的邓女士一行45名户外运动爱好者，乘坐大巴车从云南保山出发，沿219国道滇藏线准备前往腾冲。

3月19日，行至云南省怒江傈僳族自治州福贡县与贡山县交界处时，受前几日山体滑坡影响，部分道路被滑落的石块占据。一辆装满水泥的货车在与一辆小车在会车时，货车因躲避不及，撞到山体上，造成二次滑坡，滑落的碎石堵塞了道路。货车卡在石块里，小车前挡风玻璃被砸碎。

事故发生后，邓女士乘坐的车辆堵在了离事发地500余米远的地方。

一边是倾斜不稳的山体，一边是滚滚怒江。为了尽快清理路面恢复交通，45名游客赶紧下车帮忙，配合当地交警疏通道路。10余名男士配合交警徒手将半边道路上的山石搬移到路边，合力将货车附近的大石块移开，帮助大货车驶离乱石堆，女士则维护现场交通。

通过大家的努力，阻断了一个多小时的道路终于恢复了单向通行。45名游客上车出发时，当地交警和货车司机竖起了大拇指，并表示感谢。3月26日，返回醴陵后，有同行人员将云南这段经历发布在社交媒体上。

请问，案例中游客们的哪些做法值得我们学习和借鉴？在雨季山区游览时面对山体滑坡要做哪些准备？

任务评价

1.学生熟知了山体滑坡的概念预防等理论知识。

2.将全班学生分成不同的小组，通过角色扮演，模拟山体滑坡发生、处理等，学生自评，小组之间互评，教师通过学生完成的任务情况进行评分。

3.综合评价表。

评分项目	学生自评	小组互评	教师评分
处理态度（20分）			
处理速度（20分）			
处理方法（20分）			
处理效果（20分）			
综合评价（20分）			
总　评			

任务四　洪　水

任务描述

2023年7月29日—8月2日，京冀遭遇历史罕见特大暴雨。大雨伴随着洪灾，摧毁了人们的生活、财产，也重创了当地的旅游业。

北京门头沟区与河北涞水县，因地处山地，成为受灾最严重的区域。多个景区与旅游村落被"一夜冲回解放前"。位于高处的景区、民宿、酒店虽然大部分主体建筑无恙，但大灾过后，周边风景满目疮痍，水、电、通信信号、通行道路等基础设施亟待重建，何时能再迎来游客还是未知数。

损失较为明显的是河北野三坡景区。新闻通报里，它被定性为"完全损毁"，景区受灾面积52 000公顷，冲毁景区道路30千米，旅游步道15.6千米，观景平台128个，桥梁13座，廊桥护栏31 200米，路灯1 200个，电力线缆30千米、通信光缆180千米，游客中心受损4个。

据报道，北京市83小时内降雨是常年年均降雨量的60%，所有数据均超过华北历史上三次极端暴雨监测值。其中受灾最为严重的门头沟区与房山区，平均降雨量分别达到538.1毫米和598.7毫米。全市受灾人数129万人，因灾死亡33人，救援牺牲5人，失踪18人。

河北全省降雨量折合水量275亿立方米，极值点累计降雨量达1 008.5毫米。全省受灾人数388.86万人，全省直接经济损失958.11亿元，全省因灾死亡29人，失联16人。

（案例来自网络。）

请问，面对洪灾，如果在旅游区带领游客该怎么处理？

要正确处理洪水事故，就开始任务学习吧！

任务目标

1.理解洪水的概念。

2.知道洪水的原因和后果。

3.能处理旅游过程中洪水事故。

4.能提前做好洪水的预防。

任务分析

1.洪水的概念

洪水是由暴雨、急骤融冰化雪、风暴潮等自然因素引起的江河湖海水量迅速增加或水位迅猛上涨的水流现象。当流域内发生暴雨或融雪产生径流时，都依其远近先后汇集于河道的出口断面处。当近处的径流到达时，河水流量开始增加，水位相应上涨，这时称洪水起涨。及至大部分高强度的地表径流汇集到出口断面，河水流量增至最大值称为洪峰流量，其相应的最高水位，称为洪峰水位。到暴雨停止后的一定时间，在流域地表径流及存蓄在地面、表土及河网中的水量均已流出出口断面时，河水流量及水位回落至原来状态。洪水从起涨至峰顶到回落的整个过程连接的曲线，称为洪水过程线，其流出的总水量称洪水总量。

2.旅游中遇到洪水时的控制

2.1 洪水来临时的自救措施

①不要带领游客去危险地带，如电线杆和高压线塔周围，危墙及高墙旁、河床、水库、沟渠与涵洞边，化工厂及储藏危险物品的仓库。

②带领游客迅速离开低洼地带，选择有利地形，将游客转移至地势较高的地方以躲避洪水。

2.2 被洪水围困时的自救措施

①若躲避转移没有及时完成，导游应带领游客选择较安全的位置等待救援，并用自身备有的通信器具，不断地向外界发出求救信号，以求及早得到解救。

②设法稳定游客的情绪，若离开原地要采取集体行动，不要让游客单独离开，以免因情况不明而陷入绝境。

③利用手机迅速报警，将游客受洪水围困的地点、人数和所处的险情一一报告清楚，请他们迅速组织人员前来救援。

3.洪水的防范

①导游人员带团外出前，特别是在汛期，应及时关注当地的气象预报，了解目的地及途经路段的天气情况并将了解到的情况及时反馈给旅游者，提醒旅游者提前做好防雨的心

理准备和物资准备。

②带团出发到目的地之前要全面了解目的地及经过路段是否经常有山洪或泥石流暴发，在旅游过程中要尽量避开这些地区。

③带团过程中，导游人员要注意当地气象台每天的天气预报，凡是有暴雨或山洪暴发的可能，要根据实际情况请示组团社，不要贸然带团出行。

任务完成

1.学生理解洪水的概念及预防洪水的方法。

2.把学生分成不同的小组进行模拟练习，处理洪水事故，知道了相关的应对措施。

3.学生能按照流程和任务要求进行洪水的处理。

任务拓展

1.洪水的类型

洪水可分为暴雨洪水（含山洪）、风暴潮、冰川洪水、融雪洪水、垮坝洪水等多种类型。较多的是暴雨导致的垮坝洪水。垮坝洪水包括水库垮坝和堤防决口所形成的二类洪水。这两类既与气象因素有关，又与人为因素有关。水库垮坝洪水的突发特点是洪峰高、历时短、流速大，往往造成下游毁灭性灾害，特别是人员伤亡。堤防决口是由于洪水超过堤防设计标准，堤防质量有问题，或者因人为设障壅高水位而造成漫顶溃决洪水。人为堤决口造成的洪水也有发生。

2.洪水发生前的物资准备

必要的物资准备，可以大大提高避险的成功率。应准备一台无线电收音机，随时收听、了解各种相关信息。准备大量饮用水，多备罐装果汁和保质期长的食品。准备保暖的衣物及治疗感冒、痢疾、皮肤感染的药品。准备可以用作通信联络的物品，如手电筒、蜡烛、打火机等，准备颜色鲜艳的衣物及旗帜、哨子等，以防不测时当作信号。

3.驾车时遭遇洪水的控制与管理

在水中要非常小心地驾驶，观察道路情况。如果在洪水中出现熄火现象，应立即弃车，在不断上涨的洪水中，试图驱动一辆抛锚的车是十分危险的。

如果车掉进水中，必须在水漫至车窗前逃离，这时车还浮在水面。当车沉没水中时，要摇起车窗，并打开所有车灯，作为求救信号。如果车门打不开，一定保证车内的人在水面以上。水漫到下巴位置时，车外面的水压能轻一些，这时打开车门，深吸一口气游到水面上。如果车门还是打不开，就设法砸开玻璃往外爬。逃生时，乘客可以互相牵扯，这样门既不会关上，又可以避免人被冲走。

任务思考

1.洪水的预防措施有哪些？

2.洪水的处理办法有哪些？

3.案例分析：

导游员王某带领了一个昆大丽香12日游的行程，一路上旅游活动进展顺利。到达丽江后，接到当地旅游行政管理部门的通知，由于丽江上游发生洪水，前往香格里拉的道路不通畅，将严格控制前往香格里拉的人数，以防不测。地陪小王立即将此情况汇报给旅行社及客人，可很多客人不以为意，坚决要求前往香格里拉。地陪在征得旅行社和客人同意后，继续前往。到达虎跳峡后，接到通知，前方50千米处道路已被洪水冲毁，无法通行。客人遗憾返回。

请问，如果你是导游王某应该做哪些工作让游客不要前往洪水区域游览？

任务评价

1.学生熟知了洪水的概念预防等理论知识。

2.将全班学生分成不同的小组，通过角色扮演，模拟洪水事故发生、处理等，学生自评，小组之间互评，教师通过学生完成的任务情况进行评分。

3.综合评价表。

评分项目	学生自评	小组互评	教师评分
处理态度（20分）			
处理速度（20分）			
处理方法（20分）			
处理效果（20分）			
综合评价（20分）			
总 评			

任务五 台 风

任务描述

　　青岛某旅行社导游员小丽接待来自云南游客一行26人，根据气象部门发布的信息，团队抵达第二天，台风到来，不但有强大的风暴，还夹带暴雨，范围持续扩大。小丽马上叮嘱客人，不要去海边游览，尽可能不离开远离海岸的酒店。

　　要正确处理此刻导游小丽面临的事故，就开始任务学习吧！

任务目标

　　1.理解台风的概念。

　　2.知道台风的原因和后果。

　　3.能处理台风事故。

　　4.能提前做好台风的预防。

任务分析

1.台风的概念

　　台风，属于热带气旋的一种。热带气旋是发生在热带或亚热带洋面上的低压涡旋，是一种强大而深厚的"热带天气系统"。中国把西北太平洋的热带气旋按其底层中心附近最大平均风力(风速)大小划分为6个等级，其中心附近风力达12级或以上的，统称为台风。

　　台风常带来狂风、暴雨和风暴潮，给人类带来灾害的同时，也给人类带来益处。台风给人类送来了丰沛的淡水资源，对改善淡水供应和生态环境有十分重要的意义。另外，台风还使世界各地冷热保持相对均衡；赤道地区气候炎热，若不是台风驱散这些热量，热带会更热，寒带会更冷，温带也会从地球上消失。

　　根据世界气象组织的定义，中心风力一般达到十二级以上、风速达到每秒32.7米的热带气旋均可称为台风（或飓风）。当热带气旋达到热带风暴的强度，便给予其具体名称。名称由世界气象组织台风委员会的14个国家和地区提供。每个成员提供10个名字，形成了包括140个台风名字的命名表，名字循环使用。

　　台风实际上是一种热带气旋。台风和飓风都是一种热带气旋，只是发生地点不同，叫法不同。在北太平洋西部、国际日期变更线以西，包括南中国海和东中国海称作台风；而在大西洋或北太平洋东部的热带气旋则称飓风，也就是说在美国一带称飓风，在菲律宾、中国、日本一带叫台风；如果在南半球，就叫作旋风。

2.台风形成的原因

台风发源于热带海面，那里温度高，大量的海水被蒸发到了空中，形成一个低气压中心。随着气压的变化和地球自身的运动，流入的空气也旋转起来，形成一个逆时针旋转的空气漩涡，这就是热带气旋。只要气温不下降，这个热带气旋就会越来越强大，最后形成了台风。

3.旅游中遇到台风的处理

①若在室内，最好躲在地下室、半地下室或坚固房屋的小房间内，避开重物；不能躲在野外小木屋、破旧房屋和帐篷里。

②若被困在普通建筑物内，应立即紧闭临风方向的门窗，打开另一侧的门窗。

③若被飓风困在野外，不要在狂风中奔跑，而应平躺在沟渠或低洼处，但要避免水淹。

④旅游团在旅游车中时，司机应立即停车，导游要组织游客尽快撤离，躲到远离汽车的低洼地或紧贴地面平躺，并注意保护头部。

4.台风的预防

4.1　及时了解台风信息

在台风盛行的时节前往台风影响地区出游，导游人员可通过各种媒体及时了解当地的天气预报信息。一旦知道台风要来的消息，要及时调整行程以及协助旅游者做好相关的防御准备。

4.2　注意台风预警信号

根据逼近时间和强度分为（由弱到强）蓝、黄、橙、红，做好针对性的预防工作。

任务完成

1.学生理解台风的概念及其预防。

2.把学生分成不同的小组进行模拟练习，处理台风事故，知道了相关的应对措施。

3.学生能按照流程和任务要求对台风进行处理。

任务拓展

1.台风灾害

台风是一种破坏力很强的灾害性天气系统，但有时也能起到消除干旱的有益作用。台风过境时常常带来狂风暴雨天气，引起海面巨浪，严重威胁航海安全。台风登陆后带来的风暴增水可能摧毁庄稼、各种建筑设施等，造成生命、财产的巨大损失。

2.台风预警

根据逼近时间和强度分为（由弱到强）分别以蓝色、黄色、橙色、红色表示。

①蓝色预警信号。表示24小时内可能或者已经受热带气旋影响，沿海或者陆地平均风力达6级以上，或者阵风8级以上并可能持续。

②黄色预警信号。表示24小时内可能或者已经受热带气旋影响，沿海或者陆地平均风力达8级以上，或者阵风10级以上并可能持续。

③橙色预警信号。表示12小时内可能或者已经受热带气旋影响，沿海或者陆地平均风力达10级以上，或者阵风12级以上并可能持续。

④红色预警信号。表示6小时内可能或者已经受热带气旋影响，沿海或者陆地平均风力达12级以上，或者阵风达14级以上并可能持续。

任务思考

1.什么是台风？

2.台风的预防措施有哪些？

3.台风的处理办法有哪些？

4.案例分析：

如果你在沿海旅游城市旅游时，突然遇到台风，该如何躲避以及该注意哪些事情？

任务评价

1.学生熟知台风的概念预防等理论知识。

2.将全班学生分成不同的小组，通过角色扮演，模拟台风发生、处理等，学生自评，小组之间互评，教师通过学生完成的任务情况进行评分。

3.综合评价表。

评分项目	学生自评	小组互评	教师评分
处理态度（20分）			
处理速度（20分）			
处理方法（20分）			
处理效果（20分）			
综合评价（20分）			
总　评			

任务六　海　啸

任务描述

12月26日印度洋发生大海啸时，这位杭州的导游小马正带领24人的旅游团在泰国普吉岛游览。下午，旅游团刚回饭店，突然听到后面传来的巨响，她凭直觉，感到有一股不祥的气息，于是立即高喊："大家快上楼，都上到三楼以上来，可能有大海浪！"顷刻，海水扑来，把岸上的所有东西撞成一团，一片狼藉。站在楼上的小马，在清点人数时发现少了4人，于是不顾个人安危，踩着漂浮的冰箱、桌椅，在海水冲砸过的地方寻找自己的客人。终于，全团24人，一个不少地被她"集中"在饭店楼顶上，等候救援队伍的到来。

请问：这是旅游中的什么事故？接下来，导游小马该怎么处理？

这是旅游活动中的旅游事故——海啸。要正确处理此刻导游小马面临的事故，就开始任务学习吧！

任务目标

1.理解海啸的概念。

2.知道海啸的原因和后果。

3.能处理海啸事故。

4.能提前做好海啸的预防。

任务分析

1.海啸的概念

海啸，是由海底地震、火山爆发、海底滑坡或气象变化所产生的破坏性海浪。当地震发生于海底，因震波的动力而引起海水剧烈的起伏，形成强大的波浪，向前推进，将沿海地带——淹没的灾害，称为海啸。

海啸的波速高达每小时700～800千米，在几小时内就能横过大洋；波长可达数百千米，可以传播几千千米而能量损失很小。

在茫茫的大洋里波高不足一米，但当到达海岸浅水地带时，波长减短而波高急剧增高，可达数十米，形成含有巨大能量的"水墙"。海啸主要受海底地形、海岸线几何形状及波浪特性的控制，呼啸的海浪冰墙每隔数分钟或数十分钟就重复一次，摧毁堤岸，淹没陆地，夺走生命财产，破坏力极大。

2.海啸的成因

海啸是一种灾难性的海浪，通常由震源在海底下50千米以内、里氏震级6.5以上的海底地震引起。水下或沿岸山崩或火山爆发也可能引起海啸。在一次震动之后，震荡波在海面上以不断扩大的圆圈，传播到很远的距离，像卵石掉进浅池里产生的波一样。海啸波长比海洋的最大深度还要大，轨道运动在海底附近也没受多大阻滞，不管海洋深度如何，波都可以传播过去。

3.海啸逃生

①如果导游感觉到较强的震动，不要靠近海边、江河的入口。如果听到有关附近地震的报告，要做好防范海啸的准备，注意电视和广播新闻。要记住，海啸有时会在地震发生几小时后到达离震源上千千米远的地方。

②如果发现潮汐突然反常涨落，海平面明显下降或者有巨浪袭来的现象，导游都应组织游客以最快速度撤离岸边。

③海啸前海水异常退去时往往会把鱼虾等许多海生动物留在浅滩，场面蔚为壮观。此时千万不要前去捡拾鱼虾或看热闹，应当带领游客迅速离开海岸，向内陆高处转移。

④发生海啸时，航行在海上的船只不可以回港或靠岸，应该马上驶向深海区，深海区相对于海岸更为安全。

4.海啸的自救与互救

①如果在海啸来临时不幸落水，要尽量抓住木板等漂浮物，同时注意避免与其他硬物碰撞。

②在水中不要举手，也不要乱挣扎，尽量减少动作，能浮在水面随波漂流即可。这样既可以避免下沉，又能够减少体能的无谓消耗。

③如果海水温度偏低，不要脱衣服。

④尽量不要游泳，以防体内热量过快散失。

⑤不要喝海水。海水不仅不能解渴，反而会让人出现幻觉，导致精神失常甚至死亡。

⑥尽可能向其他落水者靠拢，这样既便于相互帮助和鼓励，又可因目标扩大更容易被救援人员发现。

⑦溺水者被救上岸后，最好能进入温水里恢复体温，没有条件时也应尽量裹上被、毯、大衣等保温衣物。注意不要采取局部加温或按摩的办法，更不能给落水者饮酒，饮酒只能使热量更快散失。

⑧如果落水者受伤，应采取止血、包扎、固定等急救措施，重伤员则要及时送医院救治。

⑨要记住及时清除落水者鼻腔、口腔和腹内的吸入物。具体方法是：将落水者的肚子放在救援人员的大腿上，从后背按压，让海水等吸入物流出。如心跳、呼吸停止，则应立即交替进行口对口人工呼吸和心脏按压。

5.海啸的预防

①导游人员带团过程中，如果听到有关附近地震的报告，或在海边感觉到明显的震动，要立刻带领旅游者抓紧时间逃离海滨并尽可能向高处走。

②在海滨游览时，导游人员要留意海面情况。

任务完成

1.学生理解海啸的概念及其预防。

2.把学生分成不同的小组进行模拟练习，处理海啸事故，知道了相关的应对措施。

3.学生能按照流程和任务要求对海啸进行处理。

任务拓展

常见的海啸登陆宏观前兆：

①海水异常暴退或暴涨。

②离海岸不远的浅海区，海面突然变成白色，其前方出现一道长长的明亮的水墙。

③位于浅海区的船只突然剧烈地上下颠簸。

④突然从海上传来异常的巨大响声，在夜间尤为令人警觉，其他的还有大批鱼虾等海生物在浅滩出现；海水冒泡，并突然开始快速倒等异常现象。

任务思考

1.什么是海啸？

2.海啸的预防措施有哪些？

3.海啸的处理办法有哪些？

4.案例分析：

如果你在带领游客在三亚旅游时，突然遇到海啸，该如何躲避以及该注意哪些事情？

任务评价

1.学生熟知海啸的概念预防等理论知识。

2.将全班学生分成不同的小组，通过角色扮演，模拟海啸事故发生、处理等，学生自评，小组之间互评，教师通过学生完成的任务情况进行评分。

3.综合评价表。

评分项目	学生自评	小组互评	教师评分
处理态度（20分）			
处理速度（20分）			
处理方法（20分）			
处理效果（20分）			
综合评价（20分）			
总 评			

项目七 旅游患病

项目引言

　　游客患疾病时，应劝其尽早去医院看病，并留在饭店内休息，如有需要，应陪同患者前往医院就医。如果病情严重或者紧急，要按照相关的办法来处理。尽快帮助游客恢复或者进行合理的处理。

任务一　一般疾病事故

任务描述

　　某旅行团一行28人到杭州旅行，吃完午餐后一位游客出现脸色蜡黄，满头大汗，腹痛严重的症状。按计划该团队应该至西湖进行游览，此刻导游提出先将游客送至就近的医院进行看病，由团队领队陪同游客进行治疗，其余团员正常游览。经过医院诊断该游客确诊为急性胃肠炎，经过治疗康复后继续进行后续行程。

　　请问：案例中导游的处理是否合理？这时导游应该怎么做呢？让我们开始该任务的学习吧。

任务目标

　　1.能做好游客患一般疾病的预防。

　　2.能对游客患一般疾病进行应对。

任务分析

1.旅游一般疾病的概念

旅游中经常有游客会在旅游期间感到身体不适，如感冒、流鼻涕、发热、水土不服、失眠、便秘、腹泻等，这些症状统称为一般疾病。

2.游客患一般疾病的预防

2.1　游览项目选择有针对性

导游在做准备工作时，应根据旅游团的信息材料，了解旅游团成员的年龄及旅游团其他情况，做到心中有数。选择适合该年龄段游客的游览线路。

2.2　安排活动日程要留有余地

不要将一天的游览活动安排得太多太满；更不能将体力消耗大、游览项目多的景点集中安排，要有张有弛，使游客感到轻松愉快；晚间活动的时间不宜安排过长。

2.3　提醒游客注意饮食卫生

提醒游客注意饮食卫生，不要暴饮暴食，以免水土不服引起腹泻。在北方旅游时，提醒游客多喝水、多吃水果，以防上火和感冒。吃海鲜后，一小时内不要食用冷饮、西瓜等冷食，也不要马上去游泳，反之游泳后也不要立即食用冷饮、海鲜、西瓜等。

2.4　及时报告天气变化

导游应提醒游客随着天气的变化及时增减衣服、带雨具等；气候干燥的季节，提醒游客多喝水、多吃水果。

3.游客患一般疾病的处理

3.1　劝其尽早就医，注意休息，不要强行游览

在游览过程中，导游要观察游客的神态、气色，发现游客的病态时，应多加关心，照顾其坐在较舒服的座位上，或留在饭店休息，并一定要通知饭店给予关照，切不可劝其强行游览。游客患一般疾病时，导游应劝其及早去医院就医。

3.2　关心患病的游客

对因病没有参加游览活动、留在饭店休息的游客，导游要主动前去问候，询问身体状况，以示关心。必要时通知餐厅为其提供送餐服务。

3.3　需要时导游可陪同患者前往医院就医

应向患者讲清楚所需费用要自理，提醒其保存诊断证明和发票。

3.4　严禁导游擅自给患者用药

导游不能擅自给患者提供药品，也不要擅自建议服哪种药。

任务完成

1.学生能够对游客患一般疾病有基础认知，并能进行处理。

2.把学生分成不同的小组进行模拟练习，处理游客所患的一般疾病，知道相关的应对措施和处理办法。

任务拓展

1.游客患一般疾病处理原则

①必要时尽快送至就近医院治疗。

②向旅行社汇报情况，必要时通知其家属。

③落实陪同治疗人员照顾患者，比如领队、家属或旅行社委派工作人员。保证其他游客的正常行程。

④如果患者经过短暂治疗后，能够随团同行最好；如果不能够随团同行，要做好善后工作。

⑤由此产生的费用由患者自理，对未使用的旅游费用按规定做处理。

2.旅游中腹泻

2.1　腹泻的原因和后果

旅游时，由于地理环境、气候、饮用水硬度以及饮食的变化，很容易因为水土不服而引发腹泻。腹泻会使人体内流失水分及电解质，可能引起虚脱乏力、抽搐、发热等并发症，不可掉以轻心。

旅途腹泻其实有一个学名，叫"旅行者腹泻"。该种腹泻是旅行者的肠道感染了外地不卫生饮食中的细菌或病毒引起的。80%~85%的旅行者腹泻都是有害菌引起的，10%归咎于病毒，极少情况是由于真菌和寄生虫感染。造成旅行者肠道容易被有害菌感染的原因是旅途饮食和作息变化引起的肠道菌群失调，肠道自有的益生菌短时间内急速减少，造成肠道免疫力低下。

2.2 腹泻的预防

补充益生菌能有效预防腹泻的发生。益生菌有三个作用：一是足量活性的益生菌能在肠道表面形成高效侵袭；二是益生菌能分泌抑菌素抑制多种引起旅途腹泻的有害菌生长；三是益生菌还能帮助肠道消化食物产生有机酸，把被有害菌分泌物破坏的肠道pH值调节到正常，使肠道蠕动（排便运动）恢复正常。

需要注意的是，出游者千万不要滥吃抗生素来治疗腹泻。因为过量的抗生素在杀灭有害菌的同时也会杀灭益生菌，使旅行者在感染性腹泻停止后，出现因为严重缺乏益生菌的功能失调性的腹泻；而且滥用抗生素会提高肠道有害菌的抗药性，增加治疗的难度。

2.3 腹泻的处理

①要多喝水，这样可以补充丢失的水分，防止脱水。

②避免食用辛辣刺激性食物，这些食物容易加重胃肠道负担，影响肠道的恢复和康复。建议多吃易消化的食物，如米粥、面包、饼干等，这些食物不会过度刺激肠道，有利于肠道的恢复和康复。

③适当休息也非常重要，可以缓解身体疲劳，有利于肠道的恢复和康复。

④如果拉肚子症状持续时间过长或症状加重，建议及时就医。

需要注意的是，拉肚子期间要避免食用生冷、油腻、难以消化的食物，如生冷蔬菜、生鱼片等，这些食物容易刺激肠道，加重拉肚子的症状。此外，拉肚子期间要注意个人卫生，勤洗手、勤换衣服，避免交叉感染。

3.旅游中失眠

3.1 失眠的原因

①初到新地，入睡环境改变、噪声影响、光感和气味变化导致入睡困难。

②过度兴奋、疲劳或者由慢性病引发的不适影响睡眠。

3.2　失眠的处理

①应保持情绪愉快，尽可能保持平时饮食、起居、睡眠等习惯。

②每到一处新地方应尽快适应当地的气候环境，克服生疏感，如果条件允许，出行时最好带上一两件日常陪伴自己睡眠的东西，比如抱枕、布娃娃。

③多运动，身体疲倦时更容易入眠。

任务思考

1.在旅游过程中游客有可能患哪些一般疾病？

2.游客患一般疾病的原因有哪些？

3.如何预防游客患病？

任务评价

1.学生熟知游客患一般疾病预防与处理。

2.将全班学生分成不同的小组，通过角色扮演，模拟游客患病患一般疾病的处理，学生自评，小组之间互评，教师通过学生完成的任务情况进行评分。

3.综合评价表。

评分项目	学生自评	小组互评	教师评分
处理态度（20分）			
处理速度（20分）			
处理方法（20分）			
处理效果（20分）			
综合评价（20分）			
总　评			

任务二 重病事故

任务描述

导游小王带领游客在四川青城山旅游，在登山过程中，团队中一名游客刘先生突然胸闷气急，呼吸急促，并大声呼救。导游小王立刻上前询问情况，游客表示自己有心脏病，背包里有准备的药品，小王马上给游客服用了急救的药物，并拨打了120急救电话，送游客到医院进行治疗。

请问：导游小王遇到了什么事故？小王的处理是否得当？

任务目标

1.能分清游客患病情况。

2.能对游客患重病进行应急处理。

任务分析

1.游客突患重病的处理

1.1 在前往景点途中突然患病

游客在去旅游景点的途中突然患病，导游应做到以下几点。

①在征得患者、患者亲友或领队同意后，立即将患重病的游客送往就近医院治疗，或拦截其他车辆将其送往医院。必要时，暂时中止旅行，用旅游车将患者直接送往医院。

②及时将情况通知接待社有关人员。

③一般由全陪、领队、病人亲友同往医院。如无全陪和领队，地陪应立即通知接待社请求帮助。

1.2 在参观游览时突然患病

①不要搬动患病游客，让其坐下或躺下。

②立即拨打电话叫救护车（医疗急救电话：120）。

③向景点工作人员或管理部门请求帮助。

④及时向接待社领导及有关人员报告。

1.3　在饭店突然患病

游客在饭店突患重病，先由饭店医务人员抢救，然后送往医院，并将其情况及时向接待社领导汇报。

1.4　在向异地转移途中突患重病

在乘飞机、火车、轮船前往下一站的途中游客突患重病。

①全陪应请求乘务员帮助，在乘客中寻找医务人员。

②通知下一站旅行社做好抢救的各项准备工作。

2.游客患重病处理要点

①游客病危，需要送往急救中心或医院抢救时，需由患者家属、领队或患者亲友陪同前往。

②如果患者是国际急救组织的投保者，导游应提醒其亲属或领队及时与该组织的代理机构联系。

③在抢救过程中，需要领队或患者亲友在场，并详细记录患者患病前后的症状及治疗情况，并请接待社领导到现场或与接待社保持联系，随时汇报患者情况。

④如果需要做手术，必须征得患者亲属的同意，如果亲属不在，需由领队同意并签字。

⑤若患者病危，但亲属又不在身边，导游应提醒领队及时通知患者亲属。如果患者亲属系外国人士，导游要提醒领队通知所在国使领馆。患者亲属到后，导游要协助其解决生活方面的问题；若找不到亲属，一切按使领馆的书面意见处理。

⑥有关诊治、抢救或动手术的书面材料，应由主治医生出具证明并签字，要妥善保存。

⑦地陪应请求接待社领导派人帮助照顾患者、办理医院的相关事宜，同时安排好旅游团继续按计划活动，不得将全团活动中断。

⑧患者转危为安但仍需继续住院治疗，不能随团继续旅游或出境时，接待社领导和导游（主要是地陪）要不时去医院探望，帮助患者办理分离签证、延期签证以及出院、回国手续及交通票证等事宜。

⑨患者住院和医疗费用自理。如患者没钱看病，请领队或组团社与境外旅行社、其家人或保险公司联系解决其费用问题。

⑩患者在离团住院期间未享受的综合服务费由中外旅行社之间结算后，按协议规定处理。患者亲属在当地期间的一切费用自理。

任务完成

1.学生能够对游客患重病有基本认知。

2.把学生分成不同的小组进行模拟练习，对游客患重病进行处理，知道相关的应对措施。

3.学生能够对游客患重病进行应急处理。

任务拓展

1.游客突发心脑血管疾病的现场救治方式

①初步判明病情。一般来说病人患心肌梗死、心绞痛等病时，会出现胸闷、晕倒、脸色发青发紫，大出汗等症状。

②心肌梗死患者应安静平卧或静坐，不得搬动。如患者已出现意识障碍，需要即刻呼叫120急救中心。

③此类患者往往会自带药品，可让其服用自备药品，切忌拿自己带的药品给游客服用。

④中风患者应绝对平卧，若口腔有分泌物或呕吐物，及时清理，防止窒息。同时保持环境安静，切勿强制唤醒患者，切忌给患者饮水。

2.游客心脏骤停的现场急救

①拍打患者双肩，大声呼唤患者，如果没有反应，观察胸腹部是否起伏。

②如果没有起伏，拨打120。

③胸外按压。双手重叠，掌根置于胸骨下半段，按压位置约为剑突上两横指。交叠双手，垂直向下，快速用力按压30次，速率100~120次/分，深度5~6厘米。

④开放气道。一手置于患者额头，用另一手的食指和中指提起下颌，嘴角与耳垂连线与地面垂直。

⑤人工呼吸。用手捏住患者鼻子；对患者嘴巴吹气，持续约1秒，见到患者胸腹部起伏后即可停止；进行2次人工呼吸，继续胸外按压。

⑥如果身边有自动体外除颤器。将电极片置于患者身上；按下分析键，其间不要触碰患者；如果情况不建议除颤，则继续胸外按压；若建议除颤，离开患者，按下电击键；除颤后，重复步骤③④⑤，连续5个循环，再判断是否需要继续除颤。

任务思考

1.如何对游客在旅游过程中患重病进行预防？

2.游客患重病的处理要点有哪些？

3.案例分析：

6月29日，山东旅行社导游小张接待一个散客旅游团，来自青岛的徐先生一家来曲阜游玩，参观了孔庙和孔府。由于天气炎热，旅途劳顿，徐先生在游览孔庙时突发休克，失去了意识。小张沉着冷静、临危不乱，一边看护安抚孩子，一边迅速拨打120急救电话，并立刻向旅行社领导汇报。随后旅行社总经理刘先生带领同事也赶到现场共同救助。救护车到达后，小张陪同病人及孩子共同赶往医院，并垫付了医药费。由于抢救及时，徐先生第二天便康复出院，他激动地表示导游员对他比亲人还要亲。曲阜之行让他终生难忘，被孔子故里人民扶危济困、乐于助人的传统美德深深感动，返程后立刻寄来了表扬信和鲜红的锦旗。

案例中，导游小张的哪些做法值得我们学习？

任务评价

1.学生能基本辨识游客患重病类型。

2.学生能够对患重病游客进行应急处理。

3.将全班学生分成不同的小组，通过角色扮演，模拟游客患重病的处理，学生自评，小组之间互评，教师通过学生完成的任务情况进行评分。

4.综合评价表。

评分项目	学生自评	小组互评	教师评分
处理态度（20分）			
处理速度（20分）			
处理方法（20分）			
处理效果（20分）			
综合评价（20分）			
总　评			

任务三　死亡事故

任务描述

游客徐某参加某旅行社组织的普陀山双动3日游。早上游客一行人从泉州乘动车前往宁波，再从宁波乘汽车前往朱家尖，当天晚上入住某酒店。

根据行程安排，游客需次日凌晨4点起床吃早点，然后乘车到码头乘船前往普陀山。6点左右旅游团抵达普陀山，按原行程应该是先乘船到珞珈山，但因风浪太大无法出行，因此当天一天将岛内行程全部游览完，路程约17千米。

第三日，根据行程安排，游客仍需凌晨4点起床，游客起床后导游告知时间太早无法安排早饭，需自行解决。四点半左右游客从酒店出发，当时天还没亮，气温也比较低，大概走了十几分钟，徐某就反映身体不适，同团游客拨打120急救电话，5点左右救护车将徐某送往普陀山某医院就诊，由于导游还需带领其他游客继续行程，因此并未陪同前往医院。

在医院检查后，医生开药并给徐某打点滴。6点50分左右，徐某突然喊胸口痛，医生随即进行抢救，大概9点多，徐某因医治无效死亡。院方诊断为急性心梗所致死亡。游客家属在得知死讯后，情绪较为激动，认为旅行社未能尽到安全保障义务，要求旅行社对死者进行赔偿。

（资料来源：搜狐网。）

请问：导游在遇到游客患病死亡时应该如何处理？

任务分析

1.游客因病死亡的处理

游客在旅游期间无论什么原因导致死亡，都是一件不幸的事情。当出现游客死亡的情况时，导游应沉着冷静，立即向接待社领导和有关人员汇报，按有关规定办理善后事宜。

①如果死者的亲属不在身边，应立即通知亲属前来处理后事；若死者系外国人士，应通过领队或有关外事部门迅速与死者所属国的驻华使领馆联系，通知其亲属来华。

②由参加抢救的医师向死者的亲属、领队及好友详细报告抢救经过，并出示"抢救工作报告""死亡诊断证明书"，由主治医生签字后盖章，复印后分别交给死者的亲属、领队或旅行社。

③对死者一般不做尸体解剖，如果要求解剖尸体，应有死者的亲属、领队，或其所在

国家使领馆有关官员签字的书面请求，经医院和有关部门同意后方可进行。

④如果死者属非正常死亡，导游应保护好现场，立即向公安局和旅行社领导汇报，协助查明死因。如需解剖尸体，要征得死者亲属、领队或所在国驻华使领馆人员的同意，并签字认可。解剖后写出尸体解剖报告（无论属何种原因解剖尸体，都要写《尸体解剖报告》），此外，旅行社还应向司法机关办理公证书。

⑤死亡原因确定后，在与领队、死者亲属协商一致的基础上，请领队向全团宣布死亡原因及抢救、死亡经过。

⑥遗体的处理，一般以火化为宜，遗体火化前，应由死者亲属或领队，或所在国家驻华使领馆写《火化申请书》并签字后再进行火化。

⑦死者遗体由领队、死者亲属护送火化后，火葬场将死者的火化证明书交给领队或死者亲属；我国民政部门发给对方携带骨灰出境证明。各有关事项的办理，我方应予以协助。

⑧死者如在生前已办理人寿保险，我方应协助死者亲属办理人寿保险索赔、医疗费报销等有关证明。

⑨出现因病死亡事件后，除领队、死者亲属和旅行社代表负责处理外，其余团员应当由代理领队带领按原计划参观游览。至于旅行社派何人处理死亡事故、何人负责团队游览活动，一律请示旅行社领导决定。

⑩若死者亲属要求将遗体运回国，除需办理上述手续外，还应由医院对尸体进行防腐处理，并办理《尸体防腐证明书》《装验证明书》《外国人运送灵柩（骨灰）许可证》和《尸体灵柩进出境许可证》等有关证件，方可将遗体运出境。灵柩要按有关规定包装运输，要用铁皮密封，外廓要包装结实。

⑪由死者所属国驻华使领馆办理一张经由国的通行证，此证随灵柩通行。

⑫有关抢救死者的医疗、火化、尸体运送、交通等各项费用，一律由死者亲属或该团队交付。

⑬死者的遗物由其亲属或领队、全陪、死者生前好友代表或所在国驻华使领馆有关官员共同清点造册，列出清单，清点人要在清单上一一签字，一式两份。遗物要交死者亲属或死者所在国家驻华使领馆有关人员。接收遗物者应在收据上签字，收据上应注明接收时间、地点、在场人员等。

任务完成

1.把学生分成不同的小组进行模拟练习，对游客患病死亡做应对措施。

2.学生能按照流程和任务要求进行游客死亡的处理。

任务拓展

1.旅游中如何应对猝死

游客在旅游中长期处于奔波、兴奋的状态，可能会诱发某些潜在疾病，因此旅游合同签订前进行身体状况询问和告知非常重要，应加强出行前健康信息询问、履行安全警示告知义务，并合理安排行程。一旦有游客死亡，应该及时报案，保护现场。

游客在旅游过程中如果猝死，可按照如下步骤进行应对处理：

一是及时报案。二是安抚游客情绪。三是做好后续工作。四是形成猝死事件书面报告。

2.法律规定

《中华人民共和国旅游法》第81条规定：突发事件或者旅游安全事故发生后，旅游经营者应当立即采取必要的救助和处置措施，依法履行报告义务，并对旅游者作出妥善安排。如果旅行社没有尽到上述规定的义务的，应当承担赔偿责任。

任务思考

1.游客因病死亡的处理要点有哪些？

2.如果旅游中游客猝死，应如何应对？

3.案例分析：

一天，全陪发现一位每天准时用早餐的住单人房间的游客没来吃早饭，他有点儿纳闷，但以为是起身外出散步，没有在意。集合登车时还没有见到该游客，他就找领队询问，领队也不知道，于是打电话，没人接，他们就上楼找。敲门；无人答应；推门，门锁着；问楼层服务员，回答说没见人外出。于是请服务员打开门，发现游客已死在床上。两人吓得跑到前厅，惊恐地告诉大家该游客死亡的消息。地陪当即决定取消当天的游览活动，并赶紧打电话向地方接待旅行社报告消息，请领导前来处理问题，然后就在前厅走来走去，紧张地等待领导。

请问：在上述描述中，导游员在哪些方面做得不对？如果你是导游应该怎样做？

任务评价

1.学生熟知死亡事故处理原则及流程。

2.将全班学生分成不同的小组，通过角色扮演，模拟死亡事故发生、处理等，学生自评，小组之间互评，教师通过学生完成的任务情况进行评分。

3.综合评价表。

评分项目	学生自评	小组互评	教师评分
处理态度（20分）			
处理速度（20分）			
处理方法（20分）			
处理效果（20分）			
综合评价（20分）			
总　评			

项目八 旅游其他事故

项目引言

　　旅游活动大部分在户外开展，会有很多意外发生，尤其是在高原、沙漠、冰雪地区旅游的时候，需要具有相关的专业技能，才能面对突发的事故。就让我们走进该项目的学习吧。

任务一　高原反应

任务描述

　　4月，游客老魏的单位与A旅行社公司签订了《旅游合同》，约定组织老魏等8名优秀员工前往拉萨、林芝等地完成拉萨双飞8日游。

　　A旅行社提供了进藏注意事项，单位代表人老蒋在旅游者处签名。乘机达拉萨后，晚上旅行社组织大家入住拉萨某酒店，老魏在办理入住时就感觉头痛、头晕，导游小王立即搀扶老魏至房间休息。第二天早上7点半，旅行社按照约定行程带游客前往林芝。一路上，老魏都昏昏沉沉的，没有什么精神，中午吃饭也没有食欲。小王提醒老魏吃了几颗红景天，然后休息。下午游览景点时老魏感觉走不动路，腿部有点儿浮肿，他的同事还发现他嘴唇有点儿发紫，都提醒他去医院检查一下。但是老魏觉得自己平常身体很好，没有什么问题，还是坚持走完当天的行程。回到酒店后，老魏洗了个澡就睡了，晚上11点同事发现老魏昏迷，赶紧拨打了120送往医院。

　　请问：针对此类事件，提前预判比事后处理更重要，那导游小王应该如何正确预判呢？

　　案例中就是高原旅游活动中常见的旅游事故——高原反应。对于此类事故预防非常重要，怎样做好提前预判，更好地应对此类事故，就开始任务学习吧！

任务目标

1.理解高原反应的概念。

2.知道高原反应的症状。

3.能处理高原反应的游客。

4.知道针对高原反应需提醒游客的注意事项。

任务分析

1.高原反应的概念

高原反应是高原病中最常见的一种，也叫作高山病。是人体急速进入海拔2 700米以上的高原，人体的适应力与高原低压低氧环境不相符后导致的各种不适症状的统称。简单来说，高原地区都属于高海拔区域，空气稀薄、含氧量低，同时空气较为干燥、紫外线强且气温较低。这些外部环境的变化会导致肺部氧分压降低，血液的载氧量、释氧率都会减慢降低，人体就会出现供氧不足，缺氧的症状。而人体的中枢神经尤其是大脑对于缺氧极其敏感，会引发一系列的相关症状，这就是高原反应。高原反应常见的症状有头痛、头晕、胸闷、恶心呕吐、食欲减退、乏力、疲倦、嗜睡、呼吸困难和意识模糊出现幻觉等。根据发病的症状和进程，可以把高原反应分为急性和慢性两类。如不及时处理，急性高原反应会引发高原肺水肿等疾病；慢性高原反应会转变为高原红细胞增多症、高原血压改变和高原心脏病等疾病。在旅游活动中，通常发生的都是急性高原反应，需要提醒旅游者做好预防工作，尤其是旅游服务工作人员需要及时预判并正确处理，否则会导致游客出现严重疾病，甚至死亡的严重后果。

2.高原反应的症状

①头部剧烈疼痛、心慌、气短、胸闷、食欲不振、恶心、呕吐、口唇指甲紫绀。

②意识恍惚，认知能力骤降。主要表现为计算困难，在未进入高原之前做一道简单的加法题，记录所用时间，在出现症状时，重复做同样的计算题，如果所用时间比原先延长，说明已经发生高原反应。

③出现幻觉，感到温暖，常常无目标地跟随在他人后面行走。

3.高原反应的处理

①当游客出现轻微的高原反应症状时，要减慢旅游活动的速度或者立即停止旅游活动，

安排游客卧床休息。让游客含服西洋参含片，饮用葡萄糖口服液、红糖水、酥油茶或者甜茶，可请游客使用便携式氧气瓶进行吸氧，增加身体的氧含量，也可建议游客根据自身情况选择服用药用红景天、高原安等保健类药品。

②当游客出现严重的高原反应症状时，必须马上停止旅游活动，帮助游客及时就医。

③需要注意的是，当游客出现轻微高原反应时，要提醒客人注意监测体温，观测有无低热或高烧情况。同时，因为高原地区人体温度会比低海拔地区低，所以需要每天进行测量对比。

4.针对高原反应需对游客提醒的注意事项

①要提醒赴高原地区旅游的客人完成一次全面的体检，尤其是对心脏功能、肺部功能进行一个全面检查。如果是孕妇，或者正值感冒期间，或者患有较严重的心脏病、支气管疾病、慢性阻塞性肺疾病，或者严重的消化道溃疡、高血压、癫痫和贫血等病症则不建议开展高原旅游项目。

②在进入高原旅游前半个月应停止较剧烈的体育锻炼，不需要刻意锻炼身体，避免因锻炼引起身体耗氧量的增加，从而加重心脏的负担，引起高原反应。

③到达高原地区的初期，要避免剧烈活动和重体力劳动，要尽量减少身体对氧气的耗费，等待身体适应后再根据适应程度慢慢增加运动量。

④进入高原地区后，尽量少洗澡或不洗澡，以免着凉感冒，加重呼吸困难及体力消耗。

⑤在高原地区不要饮酒和吸烟，不宜吃太饱，注意补充维生素，增加饮水量，注意要少量多次饮水，最好每天能保持4 000毫升的饮水量，以预防血栓。

⑥注意保暖，根据温度及时添加衣物，合理安排旅游活动，调整作息时间，保证充足的睡眠。注意防晒，尽量减少皮肤的外漏，涂抹防晒霜，防止晒伤。

⑦可服用药用红景天或含有红景天的饮品，要保持良好心态，对高原环境提前做好了解，避免过度紧张。可随身携带便携式氧气瓶，以备不时之需。

⑧尽量选择乘火车、汽车等进程较缓的交通工具进入高原地区，便于身体慢慢调节适应环境变化。

任务完成

1.学生理解高原反应的概念、预判和处理等基础知识。

2.分组练习：各小组自行设计事故情境并进行角色扮演，模拟高原反应相关事故的处置，从而掌握相关事故的应对措施。

3.学生能按照流程和任务要求正确开展高原反应的提醒、预判和处理工作。

任务拓展

1.高原反应的诱发因素

①海拔：海拔每上升1 000米，空气中的含氧量就会降低10%。所以高原反应的发生率会随着海拔的上升而增高。

②温度：海拔每上升1 000米，温度就会下降6 ℃，所以高原地区普遍气温较低，昼夜温差较大。在高原开展旅游活动时，如人体对温度的适应性较差，无法及时调节，会导致肌肉更为紧张，供血速度也会相应减缓，极易诱发或加重高原反应。

③湿度：高原地区气候和天气变化剧烈，且海拔越高空气中的水分越低，容易导致人体产生脱水、诱发血栓等现象，也会诱发和加重高原反应。

④气压：海拔越高，大气压越低，沸点也就越低，水与食物较难煮熟，会促使肠胃敏感的游客出现胃肠道疾病，也会诱发或加重高原反应。

⑤体重：有研究表明，体形偏胖的人群，尤其是男性更容易因缺氧发生急性高原反应，特别是在夜间睡眠期间。

⑥心理：过度的紧张、对高原的恐惧等心理状态也是导致高原反应出现的诱因。

⑦交通方式：因为人体有一个自我调节和耐受的过程，所以进入高原地区的速度越慢，高原反应出现的概率就越低。因此，如果是乘飞机进入高原地区，人体要承受的气压和环境的变化是较为剧烈的，相对地，如果是乘火车进入高原地区，变化进程较为缓慢，人体更容易适应。

2.高原反应的预判

旅游者在进入高海拔地区后，部分不适应人员会在6~24小时出现症状。轻微的症状主要有头痛、头晕、恶心、厌食、嗜睡、胸闷气短、疲倦乏力、呼吸困难、心悸、指甲和嘴唇紫绀等。严重的症状包括低热、高烧、呕吐、意识恍惚，甚至出现幻觉。其中，头痛是最典型的症状之一，指甲和嘴唇发紫也是最容易观察到的外在症状。所以，当在高原地区开展旅游活动时，旅游服务者要密切关注游客的身体变化和精神状态，多和游客沟通交流，了解游客的身心变化。多观察游客，一旦发现有以上情况出现，要及时作出处理并提醒游客就医。

任务思考

1.什么叫作高原反应？

2.高原反应的预防措施有哪些？

3.一旦出现高原反应，应该如何处理？

4.如果你是一位旅游策划师，要为老年游客策划一次西藏之旅，应该选择什么样的交通方式比较合理？应该提醒游客哪些注意事项？

任务评价

1.学生熟知了高原反应的概念、预判和处理等基础知识。

2.各小组自行设计事故情境，通过角色扮演，模拟高原反应的发生、处理等情境，小组通过组内自评、组间互评查看学生的掌握程度，教师根据各小组的情境演示和评价情况进行综合评定。

3.综合评价表。

评分项目	学生自评	小组互评	教师评分
情境展示（20分）			
预判能力（20分）			
处理能力（20分）			
处理效果（20分）			
综合评价（20分）			
总　评			

任务二　高山探险

任务描述

　　7月，一位知名旅行博主姜某计划攀登新疆天山山脉东段的最高峰——博格达峰，这是一条高风险的攀登路线，最高海拔5 445米。姜某原为一位美术老师，后来成为职业旅行者，也是拥有40多万粉丝的网红旅游博主。6年前，他曾独自骑行5万多千米，走过三大洲三十多个国家，曾获得过中国户外金犀牛奖"最佳背包客"的提名。此次进山前，姜某在社交平台上发布了计划和物资采购的清单，同时邀约了另一位72岁高龄的资深户外专家老王同行。

　　行程开始后，姜某与搭档在行程中遇到了其他户外旅游团队，曾有户外领队见他们人数较少，且其中一位年纪较大建议他们加入自己的团队，但遭到了拒绝。几天后，搭档老王因高原反应严重，不得不在海拔3 200米处提前下撤。姜某因对自己的经验和体力较有信心，坚持独自向5 000多米的顶峰进发，途中也拒绝了其他领队发出的入队邀约。不久后，姜某失联，经多方搜寻，在峡谷地带白杨河东沟发现了姜某的遗体。救援队推测，姜某应该是在攀登过程中想要蹚过河流，但是最近山中暴雨导致河水突然上涨，姜某在过河时遭遇了山洪，才导致遇难。

　　请问：你觉得此次事故的客观和主观原因是什么？如果你是户外领队，当面临姜某的境遇时你会对行程的哪几个方面进行调整？

　　近年来，随着人们精神需求的变化和户外专业装备采购便利性的提升，很多旅行者不再满足于普通的团队游，开始热衷于户外探险尤其是高山探险。但由于缺乏必要的户外常识和面对险情的预判经验，户外探险、高山探险的安全和风险问题也频频出现。《2022年度中国户外探险事故报告》显示，据不完全统计，2022年共发生户外探险事故372起，其中194人受伤，52人失踪，162人确认死亡。作为未来的户外领队，我们应该学习哪些知识，做好怎样的准备以便更好地应对此类事故，就开始任务学习吧！

任务目标

　　1.理解高山探险的概念。

　　2.知道开展高山探险应注意的基本事项。

　　3.知道高山探险可能遭遇的山间危险及处理方法。

任务分析

1.高山探险的概念

高山探险是登山运动中的一种，通常是指人类攀登海拔3 500米以上的高峰，以登顶为目的的极限运动。

2.高山探险可能遭遇的山间危险及处理方法

高山探险时可能会遭遇恶劣的自然现象，我们把这些现象统称为"山间危险"。山间危险可能是单一发生，也有可能会同时发生，如果应对不当会引发危及生命的严重事故。

2.1 雪崩

雪崩是高山积雪的地表雪内部的内聚力抵抗不了重力牵引时发生的雪体迁移、崩塌运动，是一种严重的自然灾害，具有突发性、速度快、破坏力强的特点。通常现代冰川发育的高山区或者降雪量较大的冬季，雪崩发生的概率较大，但地形陡峭的山地中，即便没有现代冰川发育或较大的降雪，也很容易发生雪崩。

高山探险时要尽量避免前往经常发生或者最近发生雪崩的山区，同时要注意观测山峰是否有雪崩区。一般来说，较常发生雪崩的山区都会出现自上而下略狭长的U形雪崩槽，下方通常有雪崩后的堆积物，这样的区域发生雪崩的可能性较大，要尽量避开。

另外，登山时尽量选择迎风面，迎风面积雪较少，雪崩概率较低。同时避免"之字形"前进，也不要在山体的横切面上横向登山，要尽量选择直上直下的路线，尽量减少对冰雪层的破坏，降低雪崩发生的可能。但如果登山路线必须经过雪崩槽时，则需要快速横穿通过。登山时，尤其是夏季登山，要早出午归，尽量在上午或黎明前活动，中午就扎营休息，防止下午的大风天气或高温导致环境突变，引发意外。

在登山时要减少高声呼喊和大声说话，随身携带颜色醒目的标志，当听到冰雪碎裂和低沉的轰鸣声，或观察到雪山上方有灰白色的云状尘埃时，要及时躲避。如果在雪崩带边缘，可以抛下负重尽快横向跑出雪崩带。如果无法离开，要就近寻找较大的岩石或树群作为掩体。如没有掩体，则身体前倾，双手捂住脸部防止窒息。一旦被掩埋，可通过口水流出的方向来判断方向，向上方尽量挖掘自救，如能顺利爬上雪堆表面，要平躺或爬行运动，防止引发二次崩塌。

2.2　落石

在高山探险中，有时候会遇到因风化破碎的岩石在重力和风力的共同作用下，滚落山体的情况。通常植被覆盖率较低的山体是容易发生落石的区域，气温升高、大风也会提升落石发生的概率。落石一般不会是单一的一块，往往是一个片区的石头都会被带动形成滚石区。

当发生落石的时候，如果在边缘要垂直于滚石区横向跑开，如果处于滚石区中心无法逃离，要注意观察落石的方向，因为落石会因中途的颠簸而改变方向，所以尽量等落石靠近后再就近躲避。可以借助身体高大的岩石或树群作为掩护，也可利用陡坎等地形躲避落石。

2.3　冰裂缝

由于冰川是附着在高低不平的地表之上的，同时由于冰川自身的运动、重力及压力作用，在冰体下方可能会出现宽窄不一、深度不一的裂缝。有的裂缝被冰雪覆盖，隐藏性较强，我们称之为暗裂缝。如果发现冰面呈长条状凹陷，要小心其下有暗裂缝存在的可能。

在通过冰川裂缝区域时要由经验丰富的队员在前方用冰镐探路，设置路标，结组通过裂缝区。要做好保护绳架设，保持队员间5米左右的安全距离，快速通过。

2.4　高山强风

高山地区因气流情况复杂且阻碍较少，往往风速较大。海拔越高的山区，风速也相应越大，常年出现7、8级以上的强风。高山地区还会因较大的风速出现"风冷效应"，即大风会使登山者丧失较大的热量，从而让登山者的"体感温度"低于大气温度。据观测，当大气温度为零摄氏度、风速为10米每秒时，体感温度为零下12 ℃，当气温为零下15 ℃，风速为10米每秒，体感温度就会下降为零下30 ℃。这个体感温度下极易发生失温的情况。

当身体热量的流失大于热量补给，从而造成身体核心区，即大脑和心、肺等主要器官的温度降低时，我们就称其为失温现象。失温初期，核心区温度为35.55～37 ℃，身体出现寒战，即不由自主地抖动。失温中期，核心区温度为33.88～35 ℃，此时会意识混浊，甚至反常脱衣。失温后期，温度下降到30～33.88 ℃，这是一个致命的温度，可能造成昏迷、心肺功能衰竭、心脏骤停，甚至死亡等情况。通常正常成年人在低温情况下活动超过两个小时，就有可能出现失温症状。

高山探险期间，为防止失温现象出现，要注意选择速干排汗保暖的衣物，注意随海拔的升高及时添加衣物，做好防风、防雨和保暖措施，及时增加高糖、高热量食物的摄取，避免过度出汗，防止脱水。

2.5 山间急流

高山地区如果靠近冰川末端或到达峡谷河流地带时，由于日间温差大、雨季等原因，会使水量突然上涨形成山洪。同时，山间河道一般乱石分布较多，河道情况复杂，如被冲入急流危险性极大。当遇到河流时，在不清楚河道情况下坚决不要盲目渡河，宁愿绕道而行也不要轻易涉水，必要时需架设绳桥。

2.6 迷路

当落日后或因特殊天气原因，山区容易出现大雾，会影响登山者对环境的判断导致迷路。另外，夜间攀登也容易导致道路误判，引发迷路。

为避免迷路的发生，一定要提前做好充分的计划，加强对目的地路线、天气、行程和自身情况的认识，避免盲目出行。当发现迷路时，就地寻找安全地段停下，保持冷静，待周边环境适合行进时，观察地形地貌进行合理判断，寻找正确路线。如无法判断，则原地等待尽快发布求救信号，等待救援。

3.开展高山探险应注意的基本事项

3.1 加强对自我身体的认知

开展高山探险需要参与者有较强的身体素质和心理素质，要具备健康强健的体魄和较强的综合攀爬能力，需要对自我的身体情况有充分的了解，必要时要在出发前进行全面的体检，对自身的体质和体力有充分的预判。同时，要做好应对一切困难和危险的心理准备，有强大的精神力和意志力。

3.2 加强对专业知识和专业设备的学习

高山探险需要对户外活动必备的生存知识、地理知识、医疗知识等做好充分的学习，同时要具备足够的风险预判能力，掌握预防措施，要充分了解新型装备和设备的技术参数并能熟练地使用，才能充分提升高山探险的安全系数。

3.3 组建的团队要具有较强的团队协作意识

高山探险中团队的通畅协作、合理配合是安全开展活动的重要条件，积极地配合和协作才能为整体团队增加安全保障。全团成员要有较强的合作和团体意识，切忌单独冒进和盲目行动。

3.4　借助专业团队规范活动程序

高山探险因为风险较大，专业性较强，一定要向当地或其他经验丰富且具有登山户外运动专业资质的户外领队、登山组织寻求合作或帮助，借助专业团队来提升活动的安全性。同时，开展探险活动前一定要向当地的登山协会或相关组织进行报备，办理登山注册许可，以便发生事故时能及时开展救援。

任务完成

1.学生能够理解高山探险的概念。

2.学生对高山探险可能遭遇的危险有清楚的认知，掌握基本的判断和处理措施。

3.分组练习：各小组自行设计事故情境并进行角色扮演，模拟高山探险相关事故的发生及处理步骤，从而掌握相关事故的应对措施。

4.学生能按照流程和任务要求正确开展高山探险活动的提醒、事故预判和处理工作。

任务拓展

1.高山探险的"三层穿衣法则"

①排汗层。因为高山探险活动中出汗是常态，贴身的衣服需要迅速排汗以便保持皮肤的干爽，所以能够速干排汗的衣服就是贴身衣物的首选。我们平常习惯于穿着的棉质面料衣物是不适宜于大量出汗的登山活动的，棉质衣物较难干燥，排汗效果较差，不仅会让身体始终保持黏湿状态，而且容易导致身体在寒冷环境中失温，从而引发更为严重的后果。

②保暖层。保暖层就是指中间层，一般建议以立领抓绒衣为宜。抓绒衣较轻，方便登山时收纳和携带。如果是在高寒山区活动，也可以考虑轻薄的羽绒内胆，以提升保暖性。

③防风层。高山探险时最外层衣服的主要功能就是防风防水，应对高山多变的天气环境。一般建议以冲锋衣为最佳，要根据高山的具体环境来选择冲锋衣的防水指数。同时因为腋下出汗较多，要综合考虑衣服的透气和散热功能。

2.高山探险的"四三三"原则

在高山探险中，合理分配体力、饮水量和补给食品是安全成功的必要保障，我们可以运用"四三三"原则。上山时，因为负重较多，所以体力、水量和补给可以控制在40%，而下山时相对比较节省体力，可以分摊30%的体力、水量和补给用于下山，剩下的30%作为备用储备，防止发生其他意外事故。

3.高山探险的组队原则

高山探险组队活动时要注意"四人同行、两人结伴"原则。意思就是当开展高山探险活动时，切忌单独行动，一般组队不能少于四人，这样一旦发生事故受伤，可以有一人照顾伤者，二人结伴寻求救援。如果是跟随专业团队活动，也需注意不要单独外出，外出时一定要两人结伴以便应对突发事件。

任务思考

1.高山探险的概念是什么？

2.高山探险可能遇到的危险有哪些，应该怎么处理？

3.高山探险的注意事项有哪些，有哪些原则需要遵循？

4.如果你是一位户外领队，需要加强哪方面知识的学习和提升哪些能力？如果是夏季组织游客登山，应该提醒游客们哪些注意事项？

任务评价

1.学生熟知高山探险的概念、可能出现的危险情况和处理等基础知识。

2.各小组自行设计事故情境，通过角色扮演，模拟高山探险中危险事故的发生、处理等情境，小组通过组内自评、组间互评查看学生的掌握程度，教师根据各小组的情境演示和评价情况进行综合评定。

3.综合评价表。

评分项目	学生自评	小组互评	教师评分
情境展示（20分）			
预判能力（20分）			
处理能力（20分）			
处理效果（20分）			
综合评价（20分）			
总　评			

任务三 沙 漠

任务描述

8月，某四川汽车改装俱乐部组织会员到甘肃开展"穿越大海道"的沙漠自驾旅游，期间聘用了甘肃敦煌当地的段某和贾某担任此行向导。旅游活动开始后，团队离开了原定的旅游路线，前往罗布泊无人区旅游。行程中，因携带的备用油出现问题，段某用卫星电话与公司联系送油，因送到的油品有汽油和柴油两类，导致一台车辆错加了柴油而出现故障无法启动。向导贾某遂驾驶皮卡车带领故障车上的男、女车主和一名汽修工预备返回最近的村镇寻求救援。因为认为进入沙漠不多，距离公路较近，所以贾某等返回时仅携带了一天的水量，也未携带具备北斗定位系统的智能手机和卫星电话。救援途中皮卡车陷入沙坑，贾某未进行陷车的自救，反而认为离公路较近决定徒步前往。而车上剩余的三人因为就等贾某未回，于是擅自离开皮卡车而徒步外出。数天后，在距离陷车位置正东8.1千米处发现贾某的遗体，在陷车位置东南7.8千米处发现其余三人的遗体，而距离几人最近的村镇仅有不到12千米的路程。

请问：你认为造成此次严重旅游事故的原因是什么？如果你是此次活动的组织者，应该做好哪些准备？

此次案例是近年来发生的较为严重的沙漠旅游事故，后果严重，影响恶劣。开展沙漠旅游计划和资源准备尤为重要，那要怎么准备才能避免此类事故发生呢，就开始任务学习吧！

任务目标

1. 知道沙漠旅游时如何寻找水源。

2. 知道沙漠旅游的注意事项。

3. 理解沙漠旅游时如何辨别方向。

任务分析

1.沙漠旅游的注意事项

1.1　选择合适的旅游季节

我国沙漠大多位于西北地区，气候干燥，昼夜温差较大，夏季气温可高达50~60 ℃，每年4月常常有季节性强风。所以旅游时要避开高温夏季和风季，每年的9月到次年的3月是比较理想的旅游季节。

1.2　选择合适的衣物和鞋子

沙漠地带白天温度较高，日晒强烈，需要穿长袖、速干吸湿排汗的衣物，然而晚间气温骤降，要适时添加厚外套或者保暖性强、又便于收纳的衣服。因为沙地软，阻力大，所以一双鞋底较硬，有足够的支撑力的鞋子可以助力更好地完成沙地行走。同时合理使用登山杖，也可以减轻沙地行走对膝盖的伤害。走路时，跟紧团队，尽量选择沙丘的迎风面，这里的沙子相对较硬，更便于行走。

1.3　做好"六防一带"

①防晒防虫。沙漠地区日照时间长，紫外线强烈。一定要穿长袖衣物，擦防晒霜、戴大帽檐的帽子和墨镜。沙漠地区虫蛇出没，所以基础性的防虫药和止痒药也是必备物资。

②防沙防尘。沙漠旅游一定要注意防沙。面部戴防沙口罩或头巾，防止沙子进入呼吸道和口腔。眼睛戴防沙镜或墨镜，减少眼睛受到的沙尘伤害。鞋子要套防沙套，可以防止沙子进入鞋内导致摩擦，也可以防滑。手机、相机等电子产品记得使用防尘套，避免因为沙子划伤屏幕镜头或因进沙导致损坏。万一遇见沙尘暴，应立即到沙丘的迎风面躲避，如果有骆驼，可以让骆驼跪下躲在骆驼身后，一定不能到背风面躲避，否则有被沙子掩埋的危险。旅途中，便携的湿纸巾既可以用来清理沙尘，也可以用来降温、保持凉爽。

③防中暑。在沙漠地区，高温暴晒最容易导致中暑。因此，游客每天要保证充足的睡眠，携带必要的防暑药物，同时要记得勤喝水，少量多次，切忌暴饮。

④防寒。沙漠地区昼夜温差大，如果计划在沙漠中露营，要携带保暖性强的衣服及时添加，防止感冒。

⑤防意外。在沙漠中骑骆驼时，切忌突然地大声喊叫，尽量减少鲜艳颜色的刺激，比如衣服尽量选择素色或低饱和度的颜色，选择太阳伞时也尽量使用素色，防止刺激骆驼发

生意外。滑沙或乘坐越野沙车时不做危险性较高的动作，带好急救包以备不时之需。

⑥防走失。因为沙漠路线可能随着风暴瞬息万变，所以，在沙漠旅游中请具有行业资质、经验丰富的向导非常重要。这些向导熟知当地地理气候，对旅途中的路线精准掌握，有详细的计划和应急救援方案。行程中，必须全程跟随向导，听从指挥，不要掉队。

⑦带走垃圾。沙漠生态系统非常脆弱，保护沙漠，人人有责，行程结束后，要及时把个人垃圾带走，减少污染。

2.沙漠旅游时如何辨别方向

2.1 用北极星定位

北极星是正北方天空中亮度较高的恒星，沙漠中常年干燥少雨，天气晴朗，且我国位于北半球，西北地区基本上全年都可以看到北极星，所以利用北极星来辨别方向是比较可行的方法。我们可以在夜空中寻找北斗七星，把其中的天枢、天璇两颗星连起来，沿着斗口的方向延伸大概两颗星的距离5倍远的地方看到的较亮的星星就是北极星，也就是正北方了。

2.2 用日影定位

在我国西北的沙漠，由于太阳东升西落的关系，所有物体的影子在早上都会倒向西方，中午倒向北方，下午则倒向东方。

2.3 用沙丘定位

我国西北的沙漠中，因为常年刮西北风，所以沙丘一般会形成东南走向。沙丘西北面会形成迎风面，坡度较小，沙子较硬；东南面则形成背风面，坡度较大，且沙子比较松软。另外，受风力的影响，我国大部分沙漠的植物都会向东南方倾斜。当然，这只是一般情况，不同的地形地貌对沙丘造成的影响也各不相同，要结合具体情况具体分析。

上述几种情况是利用自然界的帮助来定位，现代社会已经有很多高科技的产品来提升沙漠旅游的安全性，比如带有北斗导航系统的专业卫星定位仪，可以随时随地轻松而准确地确定方位。

3.沙漠旅游时如何寻找水源

在沙漠中旅游，可以利用沙漠的特有植物来判断和寻找水源。如果看见茂密的芦苇，沙地下1米左右就能挖到水；看见芨芨草，那地下2米左右能挖到水；出现红柳和骆驼刺，地下6~8米有水源；看见胡杨林，那地下8~10米的地方就会有水源。

任务完成

1.学生理解并掌握沙漠旅游的各项注意事项，能够在沙漠中利用自然物定位和寻找水源。

2.分组练习：各小组自行设计沙漠旅游事故情境并进行角色扮演，其他组别结合情境找出事故问题并处理，从而掌握相关事故的应对措施。

3.学生能按照流程和任务要求正确开展沙漠旅游的提醒和事故处理工作。

任务拓展

1.中国主要的沙漠旅游地

①塔克拉玛干沙漠。位于新疆塔里木盆地中心，主要分布在新疆的四个地区，是中国最大，世界第十大沙漠，世界第二大流动沙漠，全长1 000千米，总占地面积为33万平方千米。因其壮观的胡杨林，丰富的沙丘类型以及丝绸之路古文化，被评为中国五个最美的沙漠之一。

②古尔班通古特沙漠。位于新疆准噶尔盆地中央，是我国第二大沙漠，占地面积达4.88万平方千米，海拔较低，水源较多，其中的魔鬼城是著名的景点。

③鸣沙山月牙泉。位于甘肃酒泉市，是国家5A级景区，总占地面积为3.12万平方千米，曾被评为中国最美五大沙漠之一。

④库布齐沙漠。位于内蒙古鄂尔多斯市，距离北京较近，是中国第七大沙漠。因其位于河套平原"几"字弯也被称为河套沙漠。

⑤柴达木沙漠。位于青海柴达木盆地，占地面积3.49万平方千米，是世界上海拔最高的沙漠，海拔在2 500~3 000米。

⑥腾格里沙漠。位于内蒙古甘肃和宁夏之间，是中国第四大沙漠，占地面积4.3万平方千米，主要以流动沙丘为主。其中内蒙古的月亮湖和宁夏的沙坡头是著名的旅游景点。

⑦乌兰布和沙漠。位于内蒙古阿拉善地区，占地面积约1万平方千米，季风强劲，是我国光伏治沙的示范地。

⑧巴丹吉林沙漠。位于内蒙古西部银额盆地，占地面积4.92万平方千米，是中国第三大沙漠。沙漠内有100多个湖泊，且咸甜水均有，主要以沙峰、鸣沙、湖泊、奇泉和古庙的"五奇"著称。

⑨库姆塔格沙漠。位于甘肃西部和新疆东南部交界处，占地面积2.2万平方千米，是一处风沙地貌的沙漠。境内有罗布泊野骆驼国家级自然保护区、安南坝野骆驼国家级自然保护区和敦煌西湖国家级自然保护区。

任务思考

1.沙漠旅游的"六防一带"是指什么？

2.在沙漠旅游中如何利用自然物来判定方位？

3.在沙漠中怎么寻找水源？

4.如果你是一名沙漠旅游的向导，需要携带哪些物品上团，应该提醒游客们哪些注意事项？

任务评价

1.学生熟知沙漠旅游的注意事项、方位判定和水源寻找等基础知识。

2.各小组自行设计沙漠旅游事故情境，通过角色扮演，模拟沙漠旅游的团队情况，其他小组从情境表演中发现问题并解决，各小组通过组内自评、组间互评查看学生的掌握程度，教师根据各小组的情境演示和评价情况进行综合评定。

3.综合评价表。

评分项目	学生自评	小组互评	教师评分
情境展示（20分）			
事故判定（20分）			
处理能力（20分）			
处理效果（20分）			
综合评价（20分）			
总　评			

任务四　冰雪冻伤

任务描述

12月，三名旅游者前往黑龙江野外开展越野滑雪。为了感受到更美的风景，也为了增加行程的刺激性，三名旅游者离开了常规的滑雪线路，踏上了一条冒险的征途。谁曾想，当天山上天气突变，下午刮起了暴风雪，气温迅速下降至零下25 ℃。受恶劣天气的影响，三人的手机均失去信号，导航失败，最终导致了三人迷路失联。由于准备计划不足，三人携带的饮水和补给食物都不够，在长时间的低温影响下，其中两人已逐渐失去意识。最后一位旅游者凭借最后的力气，终于找到了信号点发出了求救信号。

等救援队赶到的时候，两名旅游者已冻僵，彻底失去了生命体征。剩下的一位旅游者被积雪覆盖了下半身，双腿已经与冰层冻在了一起，最终面临截肢的痛苦。

请问：当我们开展冰雪旅游时最容易出现的事故是什么？当遇到此类事故时，应该怎样正确应对呢？

案例中几位旅游者遭遇的就是普通冰雪旅游活动杀伤力较强的旅游事故——冰冻伤害。对于此类事故如何正确处理非常重要，怎样做才能把伤害减到最轻呢，就开始任务学习吧！

任务目标

1.知道冰雪旅游的概念。

2.知道冻伤的概念。

3.知道冻伤的级别。

4.会正确处理冻伤。

5.能理解冰雪旅游的安全控制与管理。

任务分析

1.冰雪旅游的概念

冰雪旅游主要是指以冰雪气候旅游资源为旅游吸引物，体验冰雪文化内涵的所有旅游活动的总称。冰雪旅游又包含有极限冰雪运动和常见的冰雪旅游活动。极限冰雪运动包括极地探险、冰川探秘、攀冰、雪车等，危险性大、专业性强，对参与者有较高的素质和能力要求。常见的冰雪旅游活动包括看冰雕、看冰灯展、滑雪等活动。

2.冻伤的概念

冰冻伤害也叫冻伤,是指人体局部或全身由于长时间遭受低温和潮湿刺激引起体表血管痉挛、血液流量减少,所以组织缺血缺氧而形成的机体损伤。轻度的冻伤会对皮肤造成短时间的损伤,要及早复温,防止损伤加重;如果救治不及时或救治不当,会导致机体组织产生永久性的功能障碍,严重时可能需要截肢甚至危及生命。

3.如何正确处理冻伤

①一旦发现身体受冻部位颜色发白、僵硬、丧失感觉或感到麻木,有可能该部位出现冻伤,此时,需要迅速离开低温寒冷的环境,防止继续受冻。

②对于冻伤部位要第一时间快速复温,恢复血液循环系统。如果是肢体末端,如手指、脚趾等,可借助衣物、身体躯干部位的温度进行复温。建议使用37~43 ℃的温水泡浴冻伤部位,帮助恢复血液循环。泡至皮肤恢复红润,则表明完成解冻。注意,切忌用冰块或其他外物摩擦冻伤部位,这样会造成组织的进一步伤害。

③快速复温后要在冻伤部位局部涂敷冻伤膏,同时服用止痛药,减轻痛苦。

④逐步加强冻伤部位的运动,慢慢改善局部的血液循环。

⑤对于程度较重的三度冻伤或者冻僵的情况,要及时送医,注意使用抗凝剂以预防血栓形成和坏疽,服用抗生素等药物,严防伤者休克,冻伤部位感染,加强保暖。

⑥建议伤者服用活血化瘀的药物,增加高蛋白、高热量食物的摄入。

4.冰雪旅游的安全控制与管理

①在滑雪前,导游应告知游客穿戴好滑雪服,滑雪服最好选用套头式,上衣要宽松,以利滑行动作;衣物颜色最好与雪面白色有较大反差,以便他人辨认和避免相撞;佩戴好合适的全封闭保护眼镜,避免阳光反射及滑行中冷风对眼睛的刺激。

②在滑雪前,导游还应告知游客做好必要的防护措施,如检查滑雪板和滑雪杖有无折裂的地方,固定器连接是否牢固,选用油性和具有防紫外线的护肤用品,对容易冻伤的手脚和耳朵做好保护措施等。

③进入滑雪场后,导游应叮嘱游客严格遵守滑雪场的有关安全管理规定,向滑雪场工作人员了解雪道的高度、坡度、长度和宽度及周边情况,告知游客根据自己的滑雪水平选择相应的滑道,注意循序渐进,量力而行,要按教练和雪场工作人员的安排和指挥去做,不要擅自到技术要求高的雪区去滑雪;注意索道开放时是否有人看守,若没有人看守,切勿乘坐。

④告知游客在滑雪过程中，要注意与他人保持一定的距离，不要打闹，以免碰撞；滑雪人数较多时，应调节好速度，切勿过快过猛。

任务完成

1.学生明晰冻伤发生的症状、程度及急救措施。

2.分组练习：各小组自行设计冻伤事故情境并进行事故处理，通过事故模拟来掌握冻伤事故的急救措施。

3.学生能按照流程和任务要求正确开展冻伤的判断和急救处理工作。

4.学生知道冰雪旅游的安全控制与管理相关措施。

任务拓展

1.导致冻伤的因素

1.1 气温因素

低温天气条件下，空气的湿度、较大的风速都会加速身体热量的丧失，进一步减慢血液循环，导致组织尤其是肢体远端的组织因血液循环减慢而缺血、缺氧。

1.2 局部因素

如果穿着的衣服、鞋袜太紧，长时间站立不动或保持同一姿势太久，长时间浸泡在水中，都会让身体的局部血液循环发生障碍，加大热量的丧失，导致组织出现冻伤、坏死。

1.3 身体因素

如果身体过于疲劳、虚弱，心理较为紧张，或者处于长时间饥饿状态，在低温环境中出现失血、创伤情况都会造成人体对外界温度变化调节和适应能力的减弱，从而导致身体局部热量减少、组织缺氧而冻伤。

2.冻伤的级别

①一度冻伤程度最轻，也叫红斑性冻伤。通常"冻疮"就是一度冻伤的情况。此时组织的表皮层受损，皮肤红肿充血，冻伤部位出现灼热、刺痛和瘙痒症状，持续数日后消失，患处痊愈后表皮脱落，一般不会有疤痕残留。

②二度冻伤程度较重，组织的真皮浅层受损，也叫水疱性冻伤。患处出现明显的红肿，

表皮会出现黑红色水疱，组织深部可能会出现水肿，剧痛，皮肤感觉迟钝。痊愈后可能会留下轻微的瘢痕。

③三度冻伤也叫腐蚀性冻伤，此时组织皮肤全层受损，皮肤由苍白转为黑色或紫褐色，丧失痛觉。如果创面没有感染，坏死组织会干燥成痂，数周后脱落，但伤口不易愈合，不仅会长期感觉过敏或疼痛，还会形成肉芽状创面，留下瘢痕。如若创面感染，则会进一步发展为四度冻伤。

④四度冻伤会形成血栓和血管闭塞，全身皮肤、皮下组织、肌肉甚至骨头，可出现坏死，皮肤表皮呈死灰色，感觉丧失，此时通常需要截肢来阻止坏疽组织的侵袭，导致身体残障。

⑤全身冻僵是指伤者皮肤苍白，冰凉，呼吸减慢甚至消失，面部组织出现水肿，神志不清或者昏迷，肌肉出现强直反应，瞳孔对光反射迟钝或消失，心动过缓，心律不齐，血压降低到无法测量，有可能出现心房和心室纤颤，甚至心跳暂停。

任务思考

1.什么是冻伤？

2.冻伤的级别有哪些？

3.一旦出现冻伤，应该如何处理？

4.冰雪旅游的安全控制与管理知识有哪些？

任务评价

1.学生明晰冰雪旅游冻伤发生的症状、程度及急救措施等基础知识。

2.各小组自行设计冻伤事故情境，模拟冻伤事故的发生、处理等情境，小组通过组内自评、组间互评查看学生的掌握程度，教师根据各小组的情境演示和评价情况进行综合评定。

3.综合评价表。

评分项目	学生自评	小组互评	教师评分
情境展示（20分）			
级别判定（20分）			
处理能力（20分）			
处理效果（20分）			
综合评价（20分）			
总　评			

参考文献

[1] 彼得·E.塔洛.旅游安全管理:有效地管理旅行风险与安全的策略[M].李秀清,林虹,译. 北京:商务印书馆,2018.

[2] 孔邦杰.旅游安全管理[M].3版.上海:格致出版社,2019.

[3] 祝红文,梁悦秋.旅游安全基础知识[M].北京:旅游教育出版社,2021.

[4] 任鸣.研学旅行安全管理[M].北京:旅游教育出版社,2020.

[5] 杨晓安.旅游安全综合管理[M].北京:中国人民大学出版社,2019.

[6] 吴耿安,黄安民.研学旅行安全管理[M].武汉:华中科技大学出版社,2023.

[7] 王永西.旅游安全事故防范与应对[M].北京:中国环境出版社,2017.

[8] 中华人民共和国国家旅游局.旅游景区安全管理实务[M].北京:中国旅游出版社,2012.

[9] 中华人民共和国国家旅游局.旅游行业安全管理实务[M].北京:中国旅游出版社,2012.

[10] 中华人民共和国国家旅游局.旅行社安全管理实务[M].北京:中国旅游出版社,2012.

[11] 杨晓安.旅游安全管理实务[M].上海:上海交通大学出版社,2012.

[12] 浙江省旅游局,浙江省旅游培训管理中心.出境旅游领队安全管理实务[M].北京:中国旅游出版社,2014.

[13] 罗景峰.旅游安全风险综合评价技术及应用[M].北京:社会科学文献出版社,2018.

[14] 邹永广.目的地旅游安全评价与预警[M].北京:社会科学文献出版社,2018.

[15] 黄蔚艳,朱晓辉.海洋旅游安全管理[M].北京:海洋出版社,2017.

[16] 郑向敏.旅游安全概论[M].北京:中国旅游出版社,2009.

[17] 袁浩镛.云南金牌导游词[M].北京:中国旅游出版社,2018.

附　件

国家旅游局令
第41号

《旅游安全管理办法》已经2016年9月7日国家旅游局第11次局长办公会议审议通过，现予公布，自2016年12月1日起施行。

旅游安全管理办法

第一章　总　则

第一条　为了加强旅游安全管理，提高应对旅游突发事件的能力，保障旅游者的人身、财产安全，促进旅游业持续健康发展，根据《中华人民共和国旅游法》《中华人民共和国安全生产法》《中华人民共和国突发事件应对法》《旅行社条例》和《安全生产事故报告和调查处理条例》等法律、行政法规，制定本办法。

第二条　旅游经营者的安全生产、旅游主管部门的安全监督管理，以及旅游突发事件的应对，应当遵守有关法律、法规和本办法的规定。

本办法所称旅游经营者，是指旅行社及地方性法规规定旅游主管部门负有行业监管职责的景区和饭店等单位。

第三条　各级旅游主管部门应当在同级人民政府的领导和上级旅游主管部门及有关部门的指导下，在职责范围内，依法对旅游安全工作进行指导、防范、监管、培训、统计分析和应急处理。

第四条　旅游经营者应当承担旅游安全的主体责任，加强安全管理，建立、健全安全管理制度，关注安全风险预警和提示，妥善应对旅游突发事件。

旅游从业人员应当严格遵守本单位的安全管理制度，接受安全生产教育和培训，增强旅游突发事件防范和应急处理能力。

第五条 旅游主管部门、旅游经营者及其从业人员应当依法履行旅游突发事件报告义务。

第二章 经营安全

第六条 旅游经营者应当遵守下列要求：

（一）服务场所、服务项目和设施设备符合有关安全法律、法规和强制性标准的要求；

（二）配备必要的安全和救援人员、设施设备；

（三）建立安全管理制度和责任体系；

（四）保证安全工作的资金投入。

第七条 旅游经营者应当定期检查本单位安全措施的落实情况，及时排除安全隐患；对可能发生的旅游突发事件及采取安全防范措施的情况，应当按照规定及时向所在地人民政府或者人民政府有关部门报告。

第八条 旅游经营者应当对其提供的产品和服务进行风险监测和安全评估，依法履行安全风险提示义务，必要时应当采取暂停服务、调整活动内容等措施。

经营高风险旅游项目或者向老年人、未成年人、残疾人提供旅游服务的，应当根据需要采取相应的安全保护措施。

第九条 旅游经营者应当对从业人员进行安全生产教育和培训，保证从业人员掌握必要的安全生产知识、规章制度、操作规程、岗位技能和应急处理措施，知悉自身在安全生产方面的权利和义务。

旅游经营者建立安全生产教育和培训档案，如实记录安全生产教育和培训的时间、内容、参加人员以及考核结果等情况。

未经安全生产教育和培训合格的旅游从业人员，不得上岗作业；特种作业人员必须按照国家有关规定经专门的安全作业培训，取得相应资格。

第十条 旅游经营者应当主动询问与旅游活动相关的个人健康信息，要求旅游者按照明示的安全规程，使用旅游设施和接受服务，并要求旅游者对旅游经营者采取的安全防范措施予以配合。

第十一条 旅行社组织和接待旅游者，应当合理安排旅游行程，向合格的供应商订购产品和服务。

旅行社及其从业人员发现履行辅助人提供的服务不符合法律、法规规定或者存在安全隐患的，应当予以制止或者更换。

第十二条 旅行社组织出境旅游，应当制作安全信息卡。

安全信息卡应当包括旅游者姓名、出境证件号码和国籍，以及紧急情况下的联系人、联系方式等信息，使用中文和目的地官方语言（或者英文）填写。

旅行社应当将安全信息卡交由旅游者随身携带，并告知其自行填写血型、过敏药物和重大疾病等信息。

第十三条 旅游经营者应当依法制定旅游突发事件应急预案，与所在地县级以上地方人民政府及其相关部门的应急预案相衔接，并定期组织演练。

第十四条 旅游突发事件发生后，旅游经营者及其现场人员应当采取合理、必要的措施救助受害旅游者，控制事态发展，防止损害扩大。

旅游经营者应当按照履行统一领导职责或者组织处置突发事件的人民政府的要求，配合其采取的应急处置措施，并参加所在地人民政府组织的应急救援和善后处置工作。

旅游突发事件发生在境外的，旅行社及其领队应当在中国驻当地使领馆或者政府派出机构的指导下，全力做好突发事件应对处置工作。

第十五条 旅游突发事件发生后，旅游经营者的现场人员应当立即向本单位负责人报告，单位负责人接到报告后，应当于1小时内向发生地县级旅游主管部门、安全生产监督管理部门和负有安全生产监督管理职责的其他相关部门报告；旅行社负责人应当同时向单位所在地县级以上地方旅游主管部门报告。

情况紧急或者发生重大、特别重大旅游突发事件时，现场有关人员可直接向发生地、旅行社所在地县级以上旅游主管部门、安全生产监督管理部门和负有安全生产监督管理职责的其他相关部门报告。

旅游突发事件发生在境外的，旅游团队的领队应当立即向当地警方、中国驻当地使领馆或者政府派出机构，以及旅行社负责人报告。旅行社负责人应当在接到领队报告后1小时内，向单位所在地县级以上地方旅游主管部门报告。

第三章 风险提示

第十六条 国家建立旅游目的地安全风险（以下简称风险）提示制度。

根据可能对旅游者造成的危害程度、紧急程度和发展态势，风险提示级别分为一级（特别严重）、二级（严重）、三级（较重）和四级（一般），分别用红色、橙色、黄色和蓝色标示。

风险提示级别的划分标准，由国家旅游局会同外交、卫生、公安、国土、交通、气象、地震和海洋等有关部门制定或者确定。

第十七条 风险提示信息，应当包括风险类别、提示级别、可能影响的区域、起始时间、注意事项、应采取的措施和发布机关等内容。

一级、二级风险的结束时间能够与风险提示信息内容同时发布的，应当同时发布；无法同时发布的，待风险消失后通过原渠道补充发布。

三级、四级风险提示可以不发布风险结束时间，待风险消失后自然结束。

第十八条 风险提示发布后，旅行社应当根据风险级别采取下列措施：

（一）四级风险的，加强对旅游者的提示。

（二）三级风险的，采取必要的安全防范措施。

（三）二级风险的，停止组团或者带团前往风险区域；已在风险区域的，调整或者中止行程。

（四）一级风险的，停止组团或者带团前往风险区域，组织已在风险区域的旅游者撤离。

其他旅游经营者应当根据风险提示的级别，加强对旅游者的风险提示，采取相应的安全防范措施，妥善安置旅游者，并根据政府或者有关部门的要求，暂停或者关闭易受风险危害的旅游项目或者场所。

第十九条 风险提示发布后，旅游者应当关注相关风险，加强个人安全防范，并配合国家应对风险暂时限制旅游活动的措施，以及有关部门、机构或者旅游经营者采取的安全防范和应急处置措施。

第二十条 国家旅游局负责发布境外旅游目的地国家（地区），以及风险区域范围覆盖全国或者跨省级行政区域的风险提示。发布一级风险提示的，需经国务院批准；发布境外旅游目的地国家（地区）风险提示的，需经外交部门同意。

地方各级旅游主管部门应当及时转发上级旅游主管部门发布的风险提示，并负责发布前款规定之外涉及本辖区的风险提示。

第二十一条 风险提示信息应当通过官方网站、手机短信及公众易查阅的媒体渠道对外发布。一级、二级风险提示应同时通报有关媒体。

第四章 安全管理

第二十二条 旅游主管部门应当加强下列旅游安全日常管理工作：

（一）督促旅游经营者贯彻执行安全和应急管理的有关法律、法规，并引导其实施相关国家标准、行业标准或者地方标准，提高其安全经营和突发事件应对能力；

（二）指导旅游经营者组织开展从业人员的安全及应急管理培训，并通过新闻媒体等多种渠道，组织开展旅游安全及应急知识的宣传普及活动；

（三）统计分析本行政区域内发生旅游安全事故的情况；

（四）法律、法规规定的其他旅游安全管理工作。

旅游主管部门应当加强对星级饭店和A级景区旅游安全和应急管理工作的指导。

第二十三条　地方各级旅游主管部门应当根据有关法律、法规的规定，制定、修订本地区或者本部门旅游突发事件应急预案，并报上一级旅游主管部门备案，必要时组织应急演练。

第二十四条　地方各级旅游主管部门应当在当地人民政府的领导下，依法对景区符合安全开放条件进行指导，核定或者配合相关景区主管部门核定景区最大承载量，引导景区采取门票预约等方式控制景区流量；在旅游者数量可能达到最大承载量时，配合当地人民政府采取疏导、分流等措施。

第二十五条　旅游突发事件发生后，发生地县级以上旅游主管部门应当根据同级人民政府的要求和有关规定，启动旅游突发事件应急预案，并采取下列一项或者多项措施：

（一）组织或者协同、配合相关部门开展对旅游者的救助及善后处置，防止次生、衍生事件；

（二）协调医疗、救援和保险等机构对旅游者进行救助及善后处置；

（三）按照同级人民政府的要求，统一、准确、及时发布有关事态发展和应急处置工作的信息，并公布咨询电话。

第二十六条　旅游突发事件发生后，发生地县级以上旅游主管部门应当根据同级人民政府的要求和有关规定，参与旅游突发事件的调查，配合相关部门依法对应当承担事件责任的旅游经营者及其责任人进行处理。

第二十七条　各级旅游主管部门应当建立旅游突发事件报告制度。

第二十八条　旅游主管部门在接到旅游经营者依据本办法第十五条规定的报告后，应当向同级人民政府和上级旅游主管部门报告。一般旅游突发事件上报至设区的市级旅游主管部门；较大旅游突发事件逐级上报至省级旅游主管部门；重大和特别重大旅游突发事件逐级上报至国家旅游局。向上级旅游主管部门报告旅游突发事件，应当包括下列内容：

（一）事件发生的时间、地点、信息来源；

（二）简要经过、伤亡人数、影响范围；

（三）事件涉及的旅游经营者、其他有关单位的名称；

（四）事件发生原因及发展趋势的初步判断；

（五）采取的应急措施及处置情况；

（六）需要支持协助的事项；

（七）报告人姓名、单位及联系电话。

前款所列内容暂时无法确定的，应当先报告已知情况；报告后出现新情况的，应当及时补报、续报。

第二十九条 各级旅游主管部门应当建立旅游突发事件信息通报制度。旅游突发事件发生后，旅游主管部门应当及时将有关信息通报相关行业主管部门。

第三十条 旅游突发事件处置结束后，发生地旅游主管部门应当及时查明突发事件的发生经过和原因，总结突发事件应急处置工作的经验教训，制定改进措施，并在30日内按照下列程序提交总结报告：

（一）一般旅游突发事件向设区的市级旅游主管部门提交；

（二）较大旅游突发事件逐级向省级旅游主管部门提交；

（三）重大和特别重大旅游突发事件逐级向国家旅游局提交。

旅游团队在境外遇到突发事件的，由组团社所在地旅游主管部门提交总结报告。

第三十一条 省级旅游主管部门应当于每月5日前，将本地区上月发生的较大旅游突发事件报国家旅游局备案，内容应当包括突发事件发生的时间、地点、原因及事件类型和伤亡人数等。

第三十二条 县级以上地方各级旅游主管部门应当定期统计分析本行政区域内发生旅游突发事件的情况，并于每年1月底前将上一年度相关情况逐级报国家旅游局。

第五章 罚 则

第三十三条 旅游经营者及其主要负责人、旅游从业人员违反法律、法规有关安全生产和突发事件应对规定的，依照相关法律、法规处理。

第三十四条 旅行社违反本办法第十一条第二款的规定，未制止履行辅助人的非法、不安全服务行为，或者未更换履行辅助人的，由旅游主管部门给予警告，可并处2000元以下罚款；情节严重的，处2000元以上10000元以下罚款。

第三十五条 旅行社违反本办法第十二条的规定，不按要求制作安全信息卡，未将安全信息卡交由旅游者，或者未告知旅游者相关信息的，由旅游主管部门给予警告，可并处2000元以下罚款；情节严重的，处2000元以上10000元以下罚款。

第三十六条 旅行社违反本办法第十八条规定，不采取相应措施的，由旅游主管部门处2000元以下罚款；情节严重的，处2000元以上10000元以下罚款。

第三十七条 按照旅游业国家标准、行业标准评定的旅游经营者违反本办法规定的，由旅游主管部门建议评定组织依据相关标准作出处理。

第三十八条 旅游主管部门及其工作人员违反相关法律、法规及本办法规定，玩忽职守，未履行安全管理职责的，由有关部门责令改正，对直接负责的主管人员和其他直接责任人员依法给予处分。

第六章　附　则

第三十九条　本办法所称旅游突发事件，是指突然发生，造成或者可能造成旅游者人身伤亡、财产损失，需要采取应急处置措施予以应对的自然灾害、事故灾难、公共卫生事件和社会安全事件。

根据旅游突发事件的性质、危害程度、可控性以及造成或者可能造成的影响，旅游突发事件一般分为特别重大、重大、较大和一般四级。

第四十条　本办法所称特别重大旅游突发事件，是指下列情形：

（一）造成或者可能造成人员死亡（含失踪）30人以上或者重伤100人以上；

（二）旅游者500人以上滞留超过24小时，并对当地生产生活秩序造成严重影响；

（三）其他在境内外产生特别重大影响，并对旅游者人身、财产安全造成特别重大威胁的事件。

第四十一条　本办法所称重大旅游突发事件，是指下列情形：

（一）造成或者可能造成人员死亡（含失踪）10人以上、30人以下或者重伤50人以上、100人以下；

（二）旅游者200人以上滞留超过24小时，对当地生产生活秩序造成较严重影响；

（三）其他在境内外产生重大影响，并对旅游者人身、财产安全造成重大威胁的事件。

第四十二条　本办法所称较大旅游突发事件，是指下列情形：

（一）造成或者可能造成人员死亡(含失踪)3人以上10人以下或者重伤10人以上、50人以下；

（二）旅游者50人以上、200人以下滞留超过24小时，并对当地生产生活秩序造成较大影响；

（三）其他在境内外产生较大影响，并对旅游者人身、财产安全造成较大威胁的事件。

第四十三条　本办法所称一般旅游突发事件，是指下列情形：

（一）造成或者可能造成人员死亡（含失踪）3人以下或者重伤10人以下；

（二）旅游者50人以下滞留超过24小时，并对当地生产生活秩序造成一定影响；

（三）其他在境内外产生一定影响，并对旅游者人身、财产安全造成一定威胁的事件。

第四十四条　本办法所称的"以上"包括本数；除第三十四条、第三十五条、第三十六条的规定外，所称的"以下"不包括本数。

第四十五条　本办法自2016年12月1日起施行。国家旅游局1990年2月20日发布的《旅游安全管理暂行办法》同时废止。